Kilian Schönberger

Nachts im Wald

GOLDMANN
Lesen erleben

So haben Sie den Sehnsuchtsort Wald noch nie gesehen.
Ein fantastischer Streifzug durch unsere nächtlichen Wälder – mit spektakulärem Fotomaterial!

Kilian Schönberger, 1985 in Tännesberg in der Oberpfalz geboren, ist Diplom-Geograf und arbeitet seit 2012 als freier Landschaftsfotograf. Wald, Berge und Nebel sind seine großen fotografischen Themen. Schönberger lebt heute in Köln und arbeitet vor allem in Mitteleuropa und im Alpenraum. Die Natur ist für ihn nicht nur reine Kulisse, sondern immer auch das Spiegelbild geologischer Prozesse und menschlicher Eingriffe in die Umwelt. Durch akribische Planung der Wetter- und Lichtbedingungen gelingen Kilian Schönberger einzigartige Aufnahmen der Landschaften vor unseren Haustüren. Er ist bekannt für Bildbände wie »Sagenhaftes Deutschland« oder »Waldwelten«; daneben veröffentlicht er seine Arbeiten in Magazinen wie GEO oder STERN und bei Ausstellungen wie im Frankfurter Goethe-Haus.

KILIAN SCHÖNBERGER

Nachts im Wald

Wanderabenteuer
zwischen Abenddämmerung
und Morgengrauen

GOLDMANN

Sollte diese Publikation Links auf Webseiten Dritter enthalten, so übernehmen wir für deren Inhalte keine Haftung, da wir uns diese nicht zu eigen machen, sondern lediglich auf deren Stand zum Zeitpunkt der Erstveröffentlichung hinweisen.

Dieses Buch ist auch als E-Book erhältlich.

Hinweis: Da nicht bei jeder Tour die große Kameraausrüstung dabei war, stammen einige Aufnahmen von ähnlichen Unternehmungen auch aus anderen Regionen.

MIX
Papier aus verantwortungsvollen Quellen
FSC® C021956

1. Auflage
Originalausgabe Oktober 2020

in der Verlagsgruppe Random House GmbH,
Neumarkter Str. 28, 81673 München.
Umschlaggestaltung: UNO Werbeagentur München,
unter Verwendung eines Fotos von © Kilian Schönberger
Alle Fotos im Buch: © Kilian Schönberger
Kartenillustration Umschlaginnenseite: © Peter Palm, Berlin
Redaktion: Regina Carstensen
DF | Herstellung: kw
Satz: Uhl + Massopust, Aalen
Druck und Bindung: Litotipografia Alcione srl, Trento
Printed in Italy
ISBN 978-3-442-15992-5
www.goldmann-verlag.de

Besuchen Sie den Goldmann Verlag im Netz

Für Mariann

Inhalt

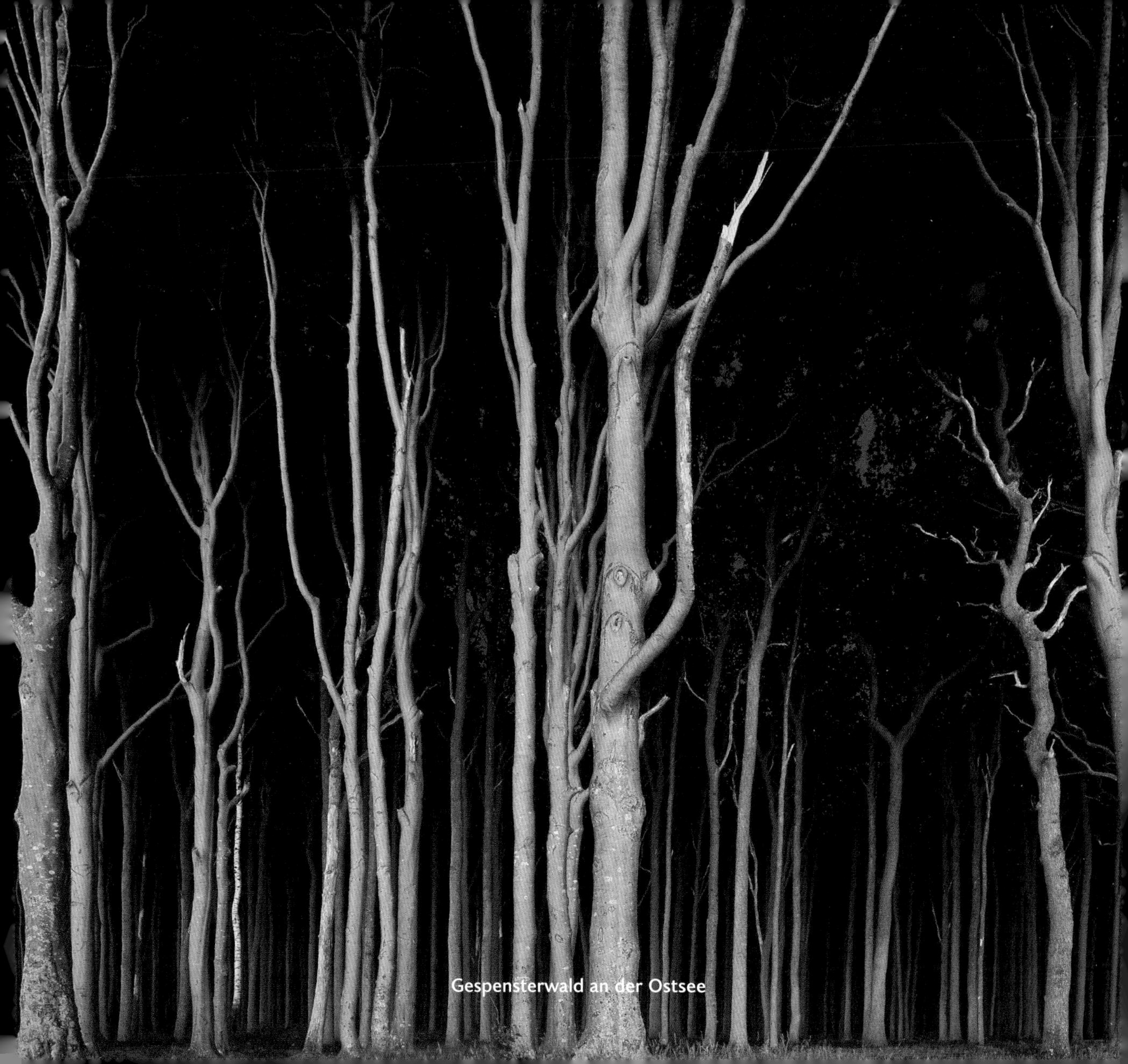

Gespensterwald an der Ostsee

Vom Verschwinden und Finden der Dunkelheit

Obwohl Nächte die Hälfte unseres Lebens ausmachen, ist uns die Dunkelheit fremd geworden. Nur vor dem Einschlafen, wenn die Schwärze der Nacht in unsere Schlafzimmer vordringt, erleben wir sie noch in voller Intensität. Dann sind wir gezwungen, uns mit der Dunkelheit zu arrangieren. Die Nacht bietet Schutz und weckt doch menschliche Urängste. Quer durch alle Kulturen wird sie mit dem Schattenreich in Verbindung gebracht. In der Dunkelheit fangen die Gedanken zu kreisen an. Gibt uns diese Zwischenphase eine leise Ahnung von der nächtlichen Welt, die sich außerhalb unserer von Kunstlicht erhellten Siedlungsräume erstreckt? Die Dunkelheit ist ein Schatz, den wir bis auf wenige Minuten am Tag verloren haben. Überallhin begleitet uns das Licht. Metropolen sind inzwischen so hell erleuchtet, dass der natürliche Tag-Nacht-Rhythmus vollständig zu verschwimmen droht. Virtuelle Welten, die immer mehr Zeit – und gefühlt auch Raum – in unserem Alltagsleben einnehmen, kennen keine Nachtruhe. Die Errungenschaften der modernen Zivilisation lassen das Licht über die Dunkelheit endgültig triumphieren. Wir müssen nur einen Lichtschalter betätigen – und schon entzaubern wir die Dunkelheit. Wir können dem natürlichen Rhythmus von Hell und Dunkel unseren Willen aufzwingen.

Die Erinnerung an das frühere Verhältnis zur Nacht ist aber noch lebendig. Sonnwendfeuer, Lichtprozessionen oder Raunächte sind Überbleibsel aus einer Zeit, in der die Dunkelheit das Leben der Menschen weitaus stärker beeinflussten. Die längste Nacht des Jahres am 21. Dezember markierte einen Wendepunkt im Jahreskreis. Archäologische Artefakte wie die Himmelsscheibe von Nebra oder die Ausrichtung von Steinbauten wie Stonehenge geben eine Ahnung davon, welche Rolle damals die Beobachtung von Natur und Nachthimmel für die Menschen gespielt haben könnte.

Eigentlich hatte die Emanzipation von der Nacht aber damals bereits begonnen. Mit der Zähmung des Feuers veränderte sich die Kulturgeschichte des Menschen für immer. Vor rund 32 000 Jahren lernte der Mensch Feuer durch das Zusammenschlagen von Pyrit und Feuerstein selbst zu erschaffen. Der Funke sprang über, und die neue Errungenschaft verbreitete sich wie ein Lauffeuer um den Erdball. Auch Ötzi hatte ein Steinzeit-Feuerzeugset mit Zunderschwämmen in seinem Gepäck. Die Herrschaft über das Feuer bot nicht nur Wärme und Licht, sondern auch Schutz vor den Gefahren der Nacht wie streunenden Raubtieren. Der Weg vom ersten Lagerfeuer bis zu den von Millionen von Lichtern erleuchteten Großstädten der Moderne war weit. Doch durch das vom Menschen kontrollierte Licht wurde die wilde Natur zunehmend in die Dunkelheit gedrängt. Waren es früher nur ein paar Quadratmeter rund ums Feuer, die erhellt wurden, sind heute in urbanen Räumen Tausende Quadratkilometer vom Mantel der Nacht befreit.

Die Nacht wurde nur in kurzen Phasen glorifiziert. Unter anderem durch die Landschaftsmaler der Romantik wie Caspar David Friedrich. Heute faszinieren wieder Fotografien von nächtlichen Phänomenen wie Nordlichtern oder der Milchstraße. Vermutlich, weil derartige Beobachtungen fast vollständig aus unserem Alltag verschwunden sind.

In Deutschland wird es immer schwieriger, Orte zu finden, an denen man nächtliche Natur erleben kann. Zum Glück sind aber ausgedehnte Waldgebiete zu Refugien der Dunkelheit geworden. Wobei der Nachtwald immer noch einen schlechten Leumund hat. In den Märchen der Brüder Grimm steht der Wald für das Unheimliche und Verzauberte. Wo der Wald beginnt, schwindet der Einfluss der Menschen – und das Reich der Magie beginnt. Der Wald als Zauberreich wird heute fortgeschrieben: in *Der Herr der Ringe* oder den *Harry-Potter*-Romanen.

Deutschland ist waldreich. Ein Drittel der Gesamtfläche ist von Wald bedeckt. Das Thema Wald bewegt die Deutschen. Gerade das Schicksal der durch die Trockenjahre 2018 und 2019 bedrohten Bäume sorgte für enormes Interesse. Wälder reagieren sensibel auf Umweltveränderungen. Aber nur selten treten diese Veränderungen so rasant auf, dass der Mensch dabei zusehen kann, wie sich ganze Ökosysteme verändern. Die Zukunft wird zeigen, wie einheimische Baumarten mit dem sich verändernden Klima zurechtkommen. Aber umso wichtiger ist es, ein Bewusstsein für den Schutzwert des Waldes und auch des nächtlichen Waldes hervorzurufen.

Der nächtliche Wald – diese unbekannte Seite der Natur hat es mir angetan. Jedes Jahr verbrachte ich in der Vergangenheit ungefähr 150 Tage in der Natur. Bei Tageslicht. Wald betrachte ich beim Wandern auch immer im Kontext seines Umlandes. Mit der Entdeckung seiner dunklen Seite eröffneten sich mir völlig neue Waldwelten.

Selbst meine Rot-Grün-Blindheit wurde irrelevant, denn nachts sind alle Bäume grau. Vor mir lag eine Welt, die ich nicht nur mit Augen und Kamera, sondern mit allen Sinnen entdeckte. Ich habe die Dunkelheit wiedergefunden.

Der Wecker klingelt. Eine neue Nacht beginnt...

Kilian Schönberger

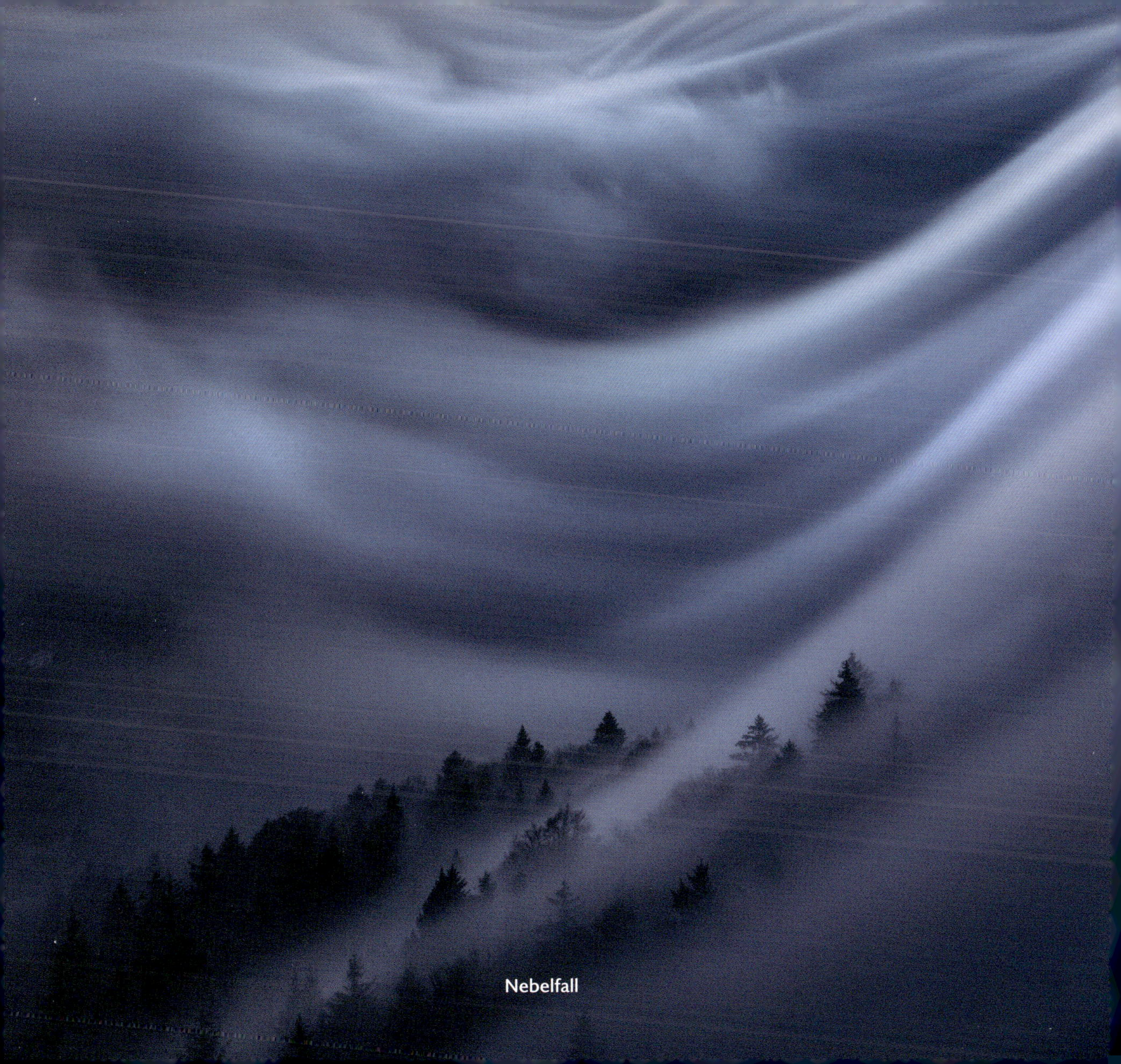

Nebelfall

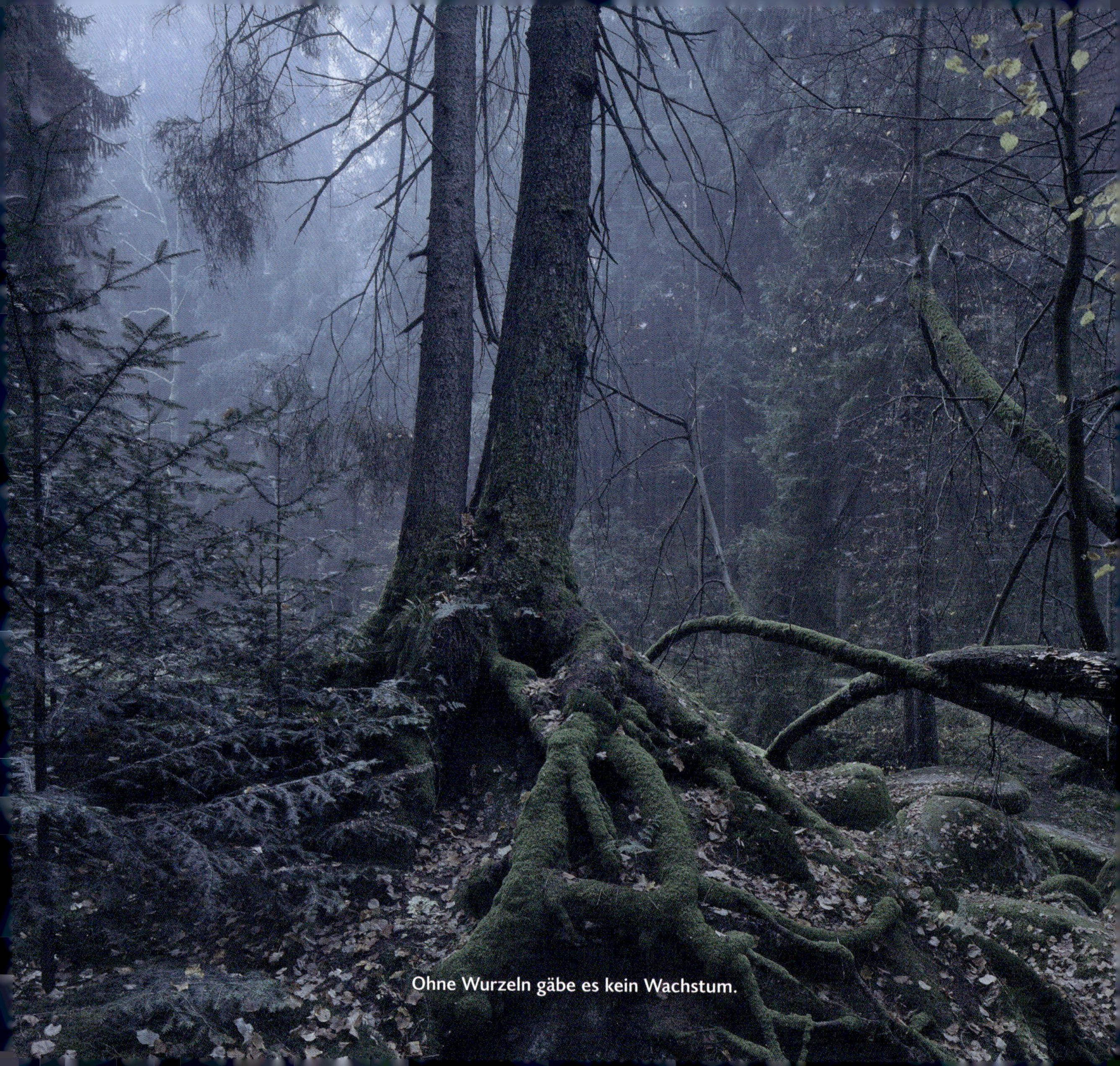

Ohne Wurzeln gäbe es kein Wachstum.

Zurück zu den Wurzeln

Oberpfälzer Wald (Bayern)

Direkt hinter dem Garten meiner Eltern hat der Wald begonnen. Die Welt der Abenteuer meiner Kindheit. Das Gartentor war das letzte Hindernis zwischen dem Ernst des Lebens auf der einen und dem Zauberreich Wald auf der anderen Seite. Die gefühlte Wildnis jenseits des Zauns lockte mehr als der gepflegte Garten. Seit Generationen lebte meine Familie von, mit, aber auch für den Wald. Die Wurzeln liegen in Bayern und Böhmen, ich selbst bin in Tännesberg aufgewachsen, einem Marktflecken im Oberpfälzer Wald. Der Oberpfälzer Wald ist ein relativ unbekanntes Mittelgebirge, aber für mich eine der authentischsten Regionen Bayerns. Grob gesagt, begleitet er zwischen Nürnberg und Prag den Verlauf der Grenze von Deutschland und Tschechien. Weiter südlich findet er seine Fortsetzung im bekannteren und höheren Bayerischen Wald.

Der Oberpfälzer Wald und Tännesberg mittendrin waren also die Schaubühne für meine kindliche Abenteuerlust. Eine beruhigend normale Landschaft. Sanfte, von Waldkämmen und Stromleitungen gekrönte Hügel, dazwischen Mais-Monokulturen und von Neubausiedlungen umringte Dörfer. Ein Autor, dessen Name ich leider vergessen habe, bezeichnete den Oberpfälzer Wald einmal als »Land von herber Schönheit«. Menschen mit weniger Bezug zur Region würden wohl eher zur Umschreibung »unspektakulär« tendieren. Aber wo einen die Sehenswürdigkeiten nicht direkt anspringen, lernt man, genauer hinzusehen. Denn an versteckten Naturschätzen ist der Oberpfälzer Wald reich. Vielleicht einer der Gründe, weshalb ich ein Landschaftsfotograf für die verborgenen Plätze geworden bin.

Als Kind kam mir dieses Waldland schier endlos vor. Bei unseren Entdeckungstouren drangen meine Freunde und ich immer weiter in den Wald vor. Unsere Ziele waren Burgruinen, Felsen und wilde Bachtäler. Der Tännesberger Forst geht in andere Wälder fließend über, und wenn man wollte, könnte man bis zur Grenze Tschechiens weiterwandern, ohne dafür den Wald verlassen zu müssen.

Irgendwann fiel mir damals eine Wanderkarte vom Naturpark Nördlicher Oberpfälzer Wald in die Hände. Die Landkarte und ich – das war Liebe auf den ersten Blick. Stundenlang brütete ich über der Karte, markierte besondere Punkte und suchte nach unbekannten Wegen. Die Karte wurde meine stete Begleitung, denn ohne Internet war noch viel Eigenrecherche nötig, um Entdeckungen zu machen. Vielleicht war diese Landkarte sogar der Auslöser dafür, dass ich viele Jahre später Geografie studierte. Die Kunst, eine reale Landschaft visuell nachvollziehbar auf einem Blatt Papier darzustellen, übte eine gewaltige Faszination auf mich aus.

Vor zwei Jahren fand ich genau diese Wanderkarte zufällig beim Aufräumen meines

Jugendzimmers wieder. Die Haptik erinnerte eher an Leder als an Papier, so abgenutzt war sie. An vielen Stellen eingerissen oder notdürftig mit Tesafilm geflickt, war sie ein lebendiges Zeugnis meiner Begeisterung für die Natur. Vorsichtig klappte ich sie auf. Ein feierlicher Moment. Mein Blick blieb an den von Hand eingetragenen Markierungen hängen – viele Orte hatte ich seit über einem Dutzend Jahre nicht mehr aufgesucht. Wie es dort wohl inzwischen aussah? Plötzlich lockte mich der Wald vor der Haustür wieder. Mir schwebte eine Art Expedition zu den Erlebnissen meiner Kindheit vor.

Außerdem erwartete ich, dass dieses Experiment den Kopf ein wenig freier machen würde. Bereits während des Studiums hatte ich als Landschaftsfotograf zu arbeiten begonnen. Aber dadurch veränderte sich auch mein Verhältnis zum Wald. War er früher Abenteuerspielplatz, war er inzwischen mehr und mehr zu meinem Arbeitsplatz geworden. Das führte wiederum zu einer anderen Sicht auf den Wald. Die visuelle Attraktivität wurde zum Entscheidungskriterium. Während meine Kindheit ein einziges langes Waldbad war (den Begriff »Waldbaden« kannte man damals natürlich noch nicht), jagte ich als Erwachsener mit der Kamera nur bestimmten Motiven hinterher. Um meine Aufnahmen zu optimieren, beschäftigte ich mich mit vielen Wissensgebieten, Flora und Fauna, Meteorologie, Geologie. Häufig konnte ich schon aufgrund eines Fotos sagen, wo sich der entsprechende Wald in Deutschland befindet. Aber je mehr Wissen ich mir aneignete, desto mehr wurde der Wald auch entzaubert. Als Kind war er mir nicht geheuer. Besonders nachts nicht, denn ich hatte eine sehr lebhafte Fantasie. Vermutlich war es nicht förderlich für die nächtlichen Aufenthalte im Wald, dass ich alle Heldensagen und die *Herr-der-Ringe*-Trilogie verschlungen hatte, sobald ich einigermaßen lesen konnte. Denn eigentlich war ich mit sieben, acht Jahren etwas zu jung für diese Geschichten, und so ging nachts öfter mal die Fantasie mit mir durch. Damals war der Wald tatsächlich ein verzauberter Ort für mich. Bei Nachtwanderungen schien jeder Schatten lebendig zu sein. Je dunkler es im Wald wurde, desto unheimlicher das Kopfkino, das sich in meinen Gedanken abspielte.

Das entspannte sich spätestens durch meinen Beruf. In den letzten zehn Jahren wurde mir der nächtliche Wald immer vertrauter. Ein Stück weit ist der Wald bis heute ein verzauberter Ort geblieben – aber genau diese Magie suchte ich mit der Kamera einzufangen.

Bin ich also ein Waldmensch? Jein.

Lange Zeit waren Städte für mich ein rätselhafter Lebensraum. Aber ein Teil von mir hatte sich schließlich für ein Dasein als »Stadtpark-Erwachsener« entschieden. Wenn ich nicht gerade irgendwo in Mitteleuropa die Natur durchstreife, lebe ich heute mit meiner Familie in Köln-Ehrenfeld. Der nächste Wald ist weit weg. Klar, es gibt in Köln den Grüngürtel und den Stadtwald. Aber das sind eher Parkanlagen, in denen so viel Betrieb herrscht, dass sich nie diese besondere Waldatmosphäre einstellt. Viele Bäume machen noch lange keinen Wald.

Wald will erlebt werden. In einen Wald muss man eintauchen und die Zivilisation ein Stück weit hinter sich lassen, um ein Teil von ihm zu werden.

Meine Gedanken waren beim Betrachten der alten Landkarte abgeschweift. Jetzt machten sich meine Augen zwischen Höhenlinien und Waldflächenschattierungen wie-

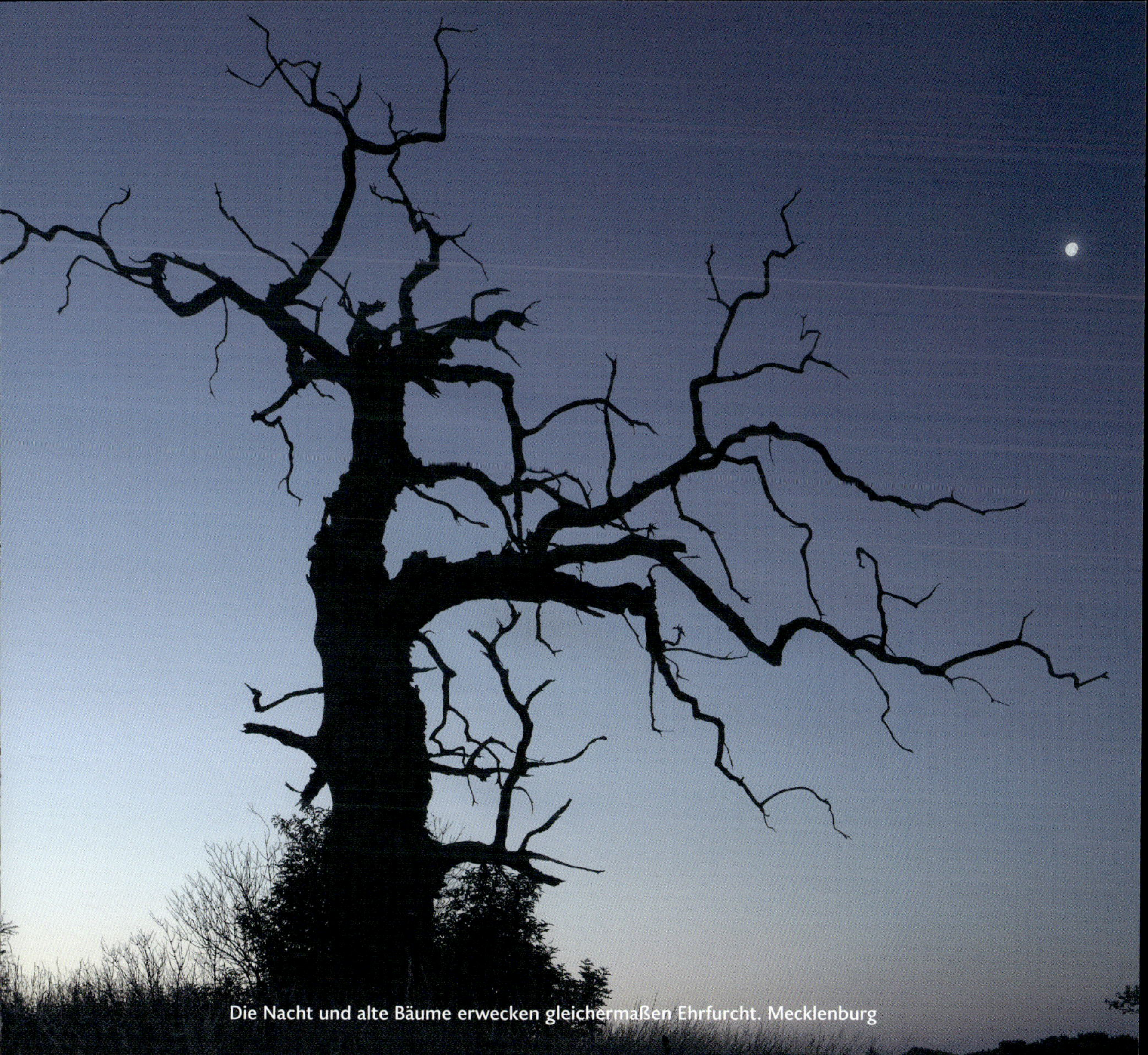

Die Nacht und alte Bäume erwecken gleichermaßen Ehrfurcht. Mecklenburg

der auf die Suche nach Zielen, die sich für eine Rückkehr in die Abenteuerwelt meiner Kindheit lohnen würden. Mir kam so eine Idee in den Sinn… einfach mal wieder draußen übernachten.

Gedacht, getan. Aus verschiedenen Schränken trug ich meine alte Ausrüstung zusammen: den in die Jahre gekommenen Schlafsack, die Stirnlampe noch ohne LED-Licht, meine alte Wanderjacke, Buchstabenplätzchen und Tee in der Aluflasche. Alles musste authentisch sein. Im Wald gibt es keinen Dresscode, und ein echter Oberpfälzer kennt sowieso keinen Laufsteg.

Schließlich stand ich an einem Sommerabend im August wieder wie zwei Jahrzehnte zuvor am Gartentor. Auf die Kameraausrüstung verzichtete ich, in den Neunzigern hatte ich auch keine dabei. Die obligatorische Steinschleuder wurde aus pazifistischen Gründen ebenfalls gestrichen. Das Smartphone nahm ich als Wecker dagegen mit. Die Suche nach den Wurzeln meiner Kindheit im Tännesberger Forst konnte beginnen. Ein schmaler Pfad leitete mich in wenigen Minuten zum Teufelsberg. Eigentlich nur ein paar Felsbrocken im Wald, früher jedoch der beste Abenteuerspielplatz. Von Berg konnte somit keine Rede sein, der Name war eine Erfindung von uns Kindern. Querwaldein führte mich mein Weg weiter zum Geologischen Lehrpfad. Die Steine wirkten kleiner, als ich sie in Erinnerung hatte.

Bis zu meinem Ziel lagen noch einige Kilometer vor mir, aber aufmerksam verfolgte ich das Geschehen in der mich umgebenden Natur. Im Abendlicht der Sonne flirrten Staubteilchen, und ein Mückenschwarm tanzte an der Grenze zwischen Schatten und Licht. Auf dem nächsten Kilometer warf die tief stehende Sonne meinen Schatten lang gestreckt auf den Weg vor mir. Es sah so aus, als würde ich mir selbst folgen – was in gewisser Hinsicht auch stimmte. Mein anvisiertes Nachtlager war ein von unwegsamem Gelände umgebener Felssporn, dessen höchste Steinkanzel etwas über die Baumwipfel hinausragte. Dieser Fels war für mich als Jungen mein Rückzugsort in der Wildnis gewesen. Nach einigem Suchen fand ich den Zustieg zur Felswildnis. Totholz und Steinbrocken waren zyklopenhaft übereinandergeworfen. Kein Terrain für Forstmaschinen, daher konnte sich der Wald hier besonders frei wachsend entwickeln.

Auch Tiere fühlten sich in dieser Umgebung wohl. Nicht immer sind Mensch und Natur auf spontane Treffen ausreichend vorbereitet. Einmal musste ich hier einen halben Nachmittag auf einem Baum verbringen, wie üblich hatte ich mich durch das Gestrüpp zum Fuß des Felsens vorangekämpft. Plötzlich hörte ich etwas im Unterholz rascheln. Kleine Schatten liefen schemenhaft zwischen den Bäumen umher. Schon freute ich mich, junge Füchse gefunden zu haben, und schlich näher, um sie besser beobachten zu können. Bis auf wenige Meter war ich bereits herangekommen und wollte die letzten Fichtenzweige beiseiteschieben, die meine Sicht auf den Nachwuchs von Meister Reineke behinderten. Doch genau in diesem Augenblick stockte mein Atem, denn zu meinem Entsetzen musste ich feststellen, dass da keine Fuchswelpen vor meiner Nase waren, sondern ein Haufen gut vier Monate alter Frischlinge. Das charakteristische Streifenmuster zeichnete sich nur mehr leicht im Fell ab. Dem sich nähernden Grunzen nach zu urteilen in Begleitung einiger ausgewachsener Wildschweine. Zwischen eine Bache und ihre Jungen zu geraten, wünscht sich niemand. Schon konnte ich auch die stämmigen Schwarzkittel mit bloßem Auge sehen und klatschte mehrmals laut in die Hände, um kein überraschendes Aufeinandertreffen zu provozieren. Dann wühlte ich mich wie der Blitz aus dem Dickicht.

Eine Buche mit tief ansetzenden Ästen erschien mir als beste Rettungsmöglichkeit, und ohne groß nachzudenken, kletterte ich an ihr hoch. Die Wildschweinrotte dagegen ließ sich durch mein Klatschen nicht wirklich beirren. Nach kurzer Unruhe wanderten die Schweine langsam Richtung Buche und durchpflügten dabei mit ihren Rüsseln und Eckzähnen den Boden. Der typisch beißende Geruch nach Maggi stieg mir intensiv in die Nase. Hätte ich ihn zuvor bemerkt, wäre ich erst gar nicht so nah herangepirscht. Jetzt blieb mir nichts anderes übrig, als die Wildschweine aus meinem Baumversteck zu beobachten. Nach einiger Zeit grunzte die Leitbache einmal laut, und schon rauschte die Rotte im Schweinsgalopp durchs Unterholz davon, immer dem Rüssel nach. Der Geruchssinn der Wildschweine ist hervorragend. Er führt die Rotte zu den besten Knollen und Wurzeln, dient aber auch zur Orientierung in Dämmerung und Dunkelheit. Das Sehvermögen – insbesondere bei Dunkelheit – ist eher schlecht, wobei trotzdem noch deutlich besser als das des Menschen.

Ich atmete auf. Trotzdem wartete ich noch, bis die Luft rein war, um meine Kletterpartie auf den Felsen fortzusetzen.

An diesem Abend meiner Erinnerungstour achtete ich bewusst auf den Geruch der Tiere. Die Luft war rein. Also keine artistische Einlage in einer Baumkrone, ich konnte direkt auf die Felsen steigen. Nach kurzer Kraxelei erreichte ich die höchsten von ihnen und stellte fest, dass sich in all den Jahren wenig verändert hatte. Einige Blaubeersträucher neben blankem Gestein, etwas Heide, einige Kiefern und Birken. Dazu ein schöner, wenn auch nicht aufregender Blick über die Hügellandschaft des Oberpfälzer Waldes. Ich fühlte mich an meinem Rückzugsort für die Nacht heimisch. Umgeben von alten Baumbeständen, von Wildschweinen (die auf Distanz blieben), von Füchsen und Dachsen, die zwischen den Felsblöcken unter mir ihren Bau hatten, und von einem scheuen Schwarzstorch, der in einiger Entfernung in dichten Baumkronen seinen Horst hatte.

Den Schlafsack breitete ich an geeigneter Stelle aus und setzte mich für einige Minuten auf den noch warmen Fels. Mit meinem Retro-Proviant in Form von Buchstabenplätzchen und Tee hatte ich ein mageres, aber authentisches Abendessen. Nach Sonnenuntergang war es im Wald schnell dunkel geworden, aber von hier oben konnte ich noch das abendliche Nachglühen beobachten. Ein letzter Lichtglanz legte sich über die Hügelketten, hier und da reflektierte ein Solardach in der Ferne den rötlichen Abendhimmel. Auch die Silhouetten von Windkraftanlagen zeichneten sich ab. Nein, die Zeit war in der Oberpfalz nicht stehen geblieben. Ganz im Gegenteil: Die Dörfer waren von Biogasanlagen umringt, die im abendlichen Zwielicht an orientalische Kuppelbauten erinnerten.

Im Osten, in entgegengesetzter Richtung zum Sonnenuntergang, konnte ich am klaren Abendhimmel den Erdschatten beobachten, einen graublauen Bereich knapp über dem Horizont. Dieser Schattenbogen entsteht, weil die untergehende Sonne die tiefen Schichten der Atmosphäre nicht mehr mit ihren Strahlen erreicht. Daher erscheint der Himmel dann in Horizontnähe dunkler, während die höheren Bereiche noch von der Sonne erhellt werden. Bei einem klaren Sonnenaufgang lässt sich dasselbe Phänomen im Westen betrachten.

Der Schattenbereich des Bogens eroberte recht schnell den ganzen Himmel, und der letzte helle Schimmer verschwand. Mit der hereinbrechenden Nacht wetteiferten die hellen Punkte von Straßenlaternen und anderen Lichtquellen in der Ferne mit den immer zahlreicher erscheinenden Sternen. Ich lauschte der Stille der Dämmerung. Ein Windhauch. Abendliche Kühle strich über das Felsplateau und mein Gesicht. Im Wald, am Fuß der Felsen, war es schon länger stockfinster. Die Dunkelheit hatte die Farben verschluckt. Das lebendige Grün des Blätterdachs verblasste zusehends.

Der Schatten des Dämmerungsbogens füllte jetzt den kompletten Himmelsbereich. Die »Blaue Stunde« hatte begonnen. Dieser Begriff bezeichnet einen je nach Jahreszeit ungefähr eine Stunde langen Zeitraum kurz vor Sonnenaufgang und kurz nach Sonnenuntergang, der durch besondere Lichtstimmungen charakterisiert ist. Nicht nur Fotografen schätzen die Blauen Stunden für das an klaren Tagen außergewöhnliche Ambiente. Die Dunkelheit nimmt zu, aber gleichzeitig sorgt der Dämmerungshimmel für eine harmonische Ausleuchtung der Landschaft. Während dieser Phase befindet sich die Sonne 4 bis 8 Grad unter dem Horizont. Daher erklärt sich, dass die Blaue Stunde am Abend erst einige Minuten nach Sonnenuntergang beginnt und am Morgen ebenso bereits einige Minuten vor Sonnenaufgang endet. Die Umgebung wird währenddessen in die namensgebende bläuliche Farbstimmung getaucht. Der Kontrastumfang ist geringer als bei Tageslicht, sodass sehr stimmungsvolle Aufnahmen möglich sind. Auch das die Blaue Stunde häufig begleitende Morgen- und Abendrot erreicht – ebenfalls etwas zeitversetzt zum eigentlichen Auf- und Untergang der Sonne – die höchste Intensität. Da die Blaue Stunde immer wieder besondere

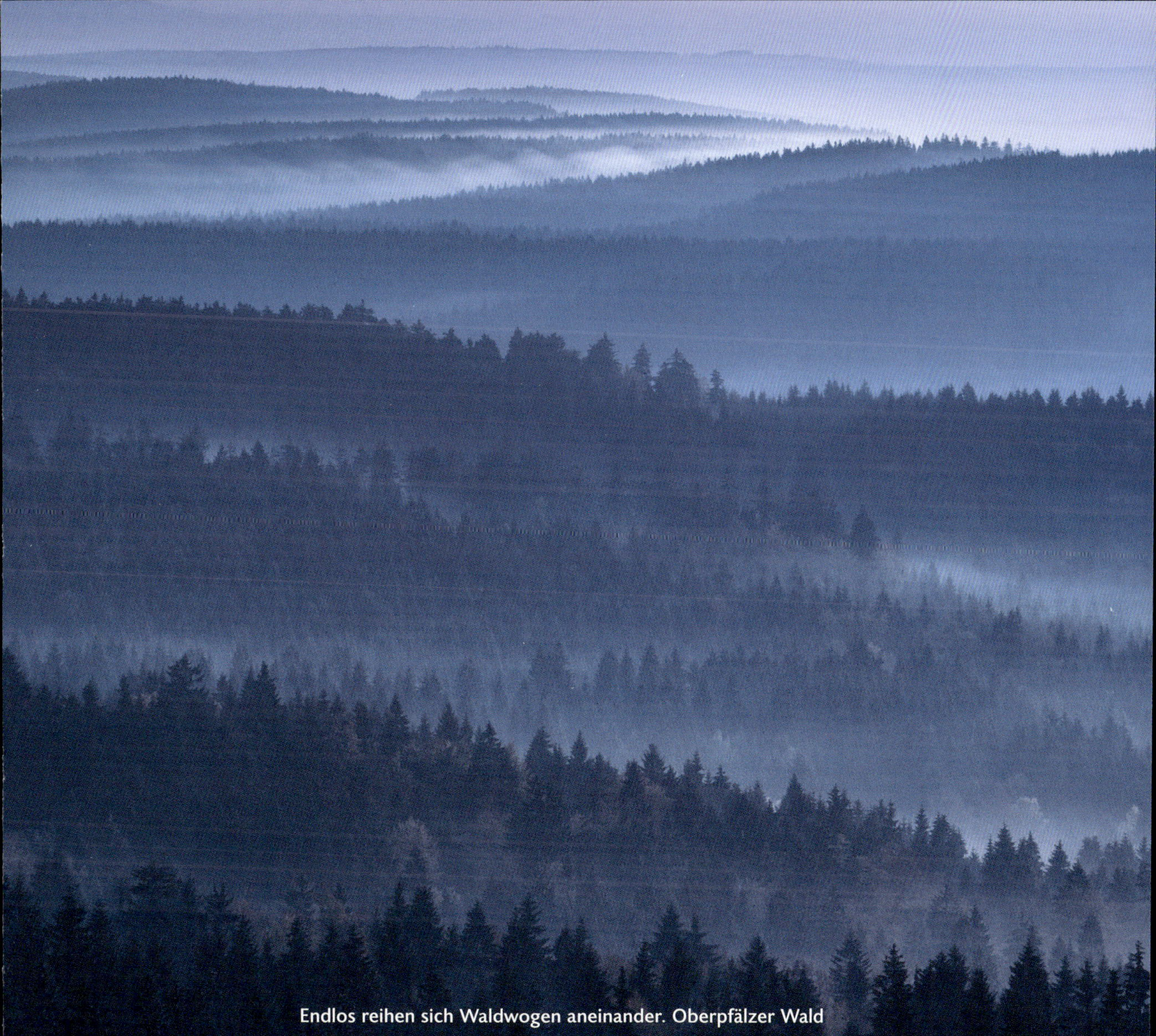

Endlos reihen sich Waldwogen aneinander. Oberpfälzer Wald

Momente in der Natur beschert, ist meine Faustformel, mindestens fünfundvierzig Minuten vor Sonnenaufgang und bis fünfundvierzig Minuten nach Sonnenuntergang vor Ort zu sein. Bei den nächtlichen Wanderungen zuvor und danach darf eine Stirnlampe natürlich nicht fehlen. Bei mir ist sie sowieso stets im Gepäck. Die Blauen Stunden waren maßgeblich daran beteiligt, dass ich überhaupt begonnen habe, die Nacht zu entdecken: Ohne Blaue Stunden wäre ich nie bis spät in die Nacht noch auf dem Rückweg gewesen und konnte erst so das spannende Reich der Dunkelheit für mich entdecken.

Apropos Entdecken. Es dauerte einige Minuten, bis sich meine Augen an die visuellen Eindrücke der Dämmerung im Oberpfälzer Wald gewöhnt hatten. Ohne Tageslicht verändert sich unsere Farbwahrnehmung. Wir sehen, vereinfacht formuliert, weil Licht auf Sinneszellen in der Netzhaut des Auges trifft. Fotorezeptoren (Zäpfchen und Stäbchen) wandeln dann die optischen Eingangssignale in elektrische Reize um, die an das Gehirn weitergeleitet werden. Die rund sieben Millionen Zapfen sind für das Farbsehen zuständig, die 120 Millionen Stäbchen dienen der Unterscheidung verschiedener Helligkeitsstufen. Für die Nachtsicht sind also besonders die Stäbchen entscheidend, da sie unser Sehvermögen in der Dunkelheit bestimmen. Aber es braucht immer eine ganze Weile, bis sich unsere Augen an die Dunkelheit gewöhnt haben. Zunächst versucht das Auge, die Empfindlichkeit des Farbsehsystems der Zapfen anzuheben, um noch etwas in der Dämmerung erkennen zu können. Sobald die Lichtmenge auch dafür zu gering ist, wird auf das Sehen mit dem Stäbchensystem umgestellt. Das Farbsehen spielt dann keine Rolle mehr. Daher sind nachts auch alle Katzen grau. Die Stäbchen dagegen ermöglichen es uns, in der Dämmerung Details durch verschiedene Helligkeitsschattierungen wahrzunehmen. Wobei das menschliche Auge nicht für nächtliche Aktivitäten geschaffen ist. Fast alle Wildtiere, die nachts im Wald unterwegs sind, übertreffen den Menschen, wenn es ums Sehen in der Dunkelheit geht, um ein Vielfaches. Ihre Augen sind an das Sehen bei Nacht deutlich besser angepasst. Dafür haben alle Säugetiere außer den Affen ein deutlich schlechteres Farbsehvermögen als der Mensch, der mehr als zwei Millionen Farbtöne wahrnehmen kann. Menschen und Affen sind Trichromaten, sie besitzen drei Farbpigmente in der Netzhaut zur Unterscheidung von blauen, roten und grünen Lichtsignalen. Das gilt aber nicht für mich. Mit meiner Rot-Grün-Blindheit ist meine Farbwahrnehmung beeinträchtigt. Sie ähnelt wohl den restlichen Säugetieren, die als Dichromaten nur zwei Farbpigmente zur Unterscheidung von Blau und Gelb besitzen. Es gibt Hinweise aus der militärischen Forschung, dass Rot-Grün-Blindheit beim Menschen nicht nur Nachteile hat, sondern auch Vorteile: Im braunen Farbspektrum können Tarnmuster besser dechiffriert werden, auch das Sehvermögen ist bei wenig Licht besser. Es wird vermutet, dass Farbfehlsichtige weniger Zapfenzellen, aber dafür mehr Stäbchen besitzen, die für das Dämmerungssehen verantwortlich sind. Vielleicht fand ich mich deswegen im Zwielicht des Waldes schon immer gut zurecht. Zumindest bei den Nachttouren dürfte das kein Handicap gewesen sein. Wobei Wildtiere noch mal deutlich spezieller an die Dunkelheit angepasst sind.

Jeder wird schon einmal festgestellt haben, dass die Augen von Hunden und Katzen, aber auch von Wildtieren wie Rehen oder Wölfen das Licht einer Taschenlampe oder von Scheinwerfern hell reflektieren. Viele Tierarten besitzen hinter der Netzhaut noch eine spezielle Zellschicht, die als *Tapetum lucidum* bezeichnet wird, was so viel wie »leuchtender Teppich« bedeutet. Diese Schicht wirkt für durch das Auge einfallendes Licht wie ein Spiegel. Das Licht wird so hinter der Netzhaut reflektiert und durchdringt die lichtempfindlichen Stäbchenzellen ein zweites Mal. Eine Art natürlicher Restlichtverstärker. Dadurch werden auch geringe Lichtmengen effektiv genutzt und ermöglichen den Tieren eine gute visuelle Orientierung bei Dunkelheit.

Dem Menschen fehlt diese Anpassung an das nächtliche Sehen. Erst die Bändigung des Feuers ermöglichte die Emanzipation von den Gefahren der Dunkelheit. Doch der Preis war auch ein zunehmender Ausschluss vom wilden Reich der Nacht. Heute erhellt der Mensch seine Lebenswelt rund um den Globus mit Kunstlicht, und auch in die nächtliche Natur wagt er sich nur noch mit zusätzlicher Lichtquelle.

Bei meinen Nachtexkursionen versuche ich – sooft es geht –, auf Kunstlicht zu verzichten. Wobei die Orientierung in völliger Dunkelheit eine große Herausforderung ist und eigentlich nur dort klappt, wo ausreichend Mondlicht oder genaue Kenntnisse des Untergrunds vorhanden sind. Zum Glück war mir dieses Waldstück vertraut, sodass ich mich als Teil der nächtlichen Natur fühlen konnte.

Nun war es aber an der Zeit, in den Schlafsack zu kriechen. Umgeben von völliger Dunkelheit blickte ich nach oben in den Nachthimmel. Je weniger die Augen etwas erfassen konnten, desto mehr liefen die anderen Sinne zur Hochform auf. Das Ohr registrierte jedes Rascheln, selbst die leiseste Bewegung einer Maus. Was wir tagsüber kaum registrieren, kommt uns in der nächtlichen Stille unheimlich laut vor. Auch der kühle Geruch des die Felsen umgebenden Waldes stieg mir in die Nase. Die Nacht roch anders als der Tag. Tagsüber dominierte eine sonnengebadete Note mit Nuancen von Heidekraut und Kiefer das Felsplateau. In der Nacht: Moos, kaltes Gestein und altes Laub am Waldboden.

Wieder lauschte ich. Plötzlich ein ungewohntes Geräusch: Ein eigenartiges Rufen drang an mein Ohr. Eine Eule? Der Ruf wiederholte sich rhythmisch, einer Tonleiter gleich steigerten sich Intensität und Höhe: »UU-UU-UÜÜU«. Mehrmals noch hörte ich diese Tonfolge. Erst vor Kurzem hatte ich erfahren, dass auch Raufußkäuze im Tännesberger Forst heimisch sind. Vom Klang her passte das. Abrupt, wie sie begonnen hatten, erstarben die Töne. Der verhältnismäßig kleine Raufußkauz steht bei verschiedenen nächtlichen Beutegreifern auf dem Speiseplan und verstummt bei Gefahr.

Felsen und alte Bäume ziehen Eulen an. Ihr schauriges Rufen in der Nacht war mir vertraut und unheimlich zugleich. Eulen haben Menschen immer fasziniert, weshalb sie in unserer Kulturgeschichte, in unseren Mythen Eingang gefunden haben. Als Attribut der griechischen Göttin Athene sind Eulen ein Symbol für Weisheit und Klugheit. Im Mittelalter waren sie als Unglücksvögel verschrien – ihr Rufen sollte einen baldigen Todesfall vorhersagen. Ein besonders trauriges Schicksal traf aber den eigentlichen König der Nacht: den Uhu. Unsere größte heimische Eule wurde lebendig gefangen und mit ausgebreiteten Flügeln an Scheunentore genagelt, um böse Geister abzuwehren und den Hof vor Blitzschlag, Feuer und Seuchen zu schützen. Zum Glück ist derartiger Aberglaube inzwischen weitgehend verschwunden, und der Uhu-Bestand hat sich wieder erholt. Auch die Felsen im Tännesberger Forst bieten diesem gewaltigen Nachtjäger einen Lebensraum. Den majestätischen Vogel mit einer Körperlänge von

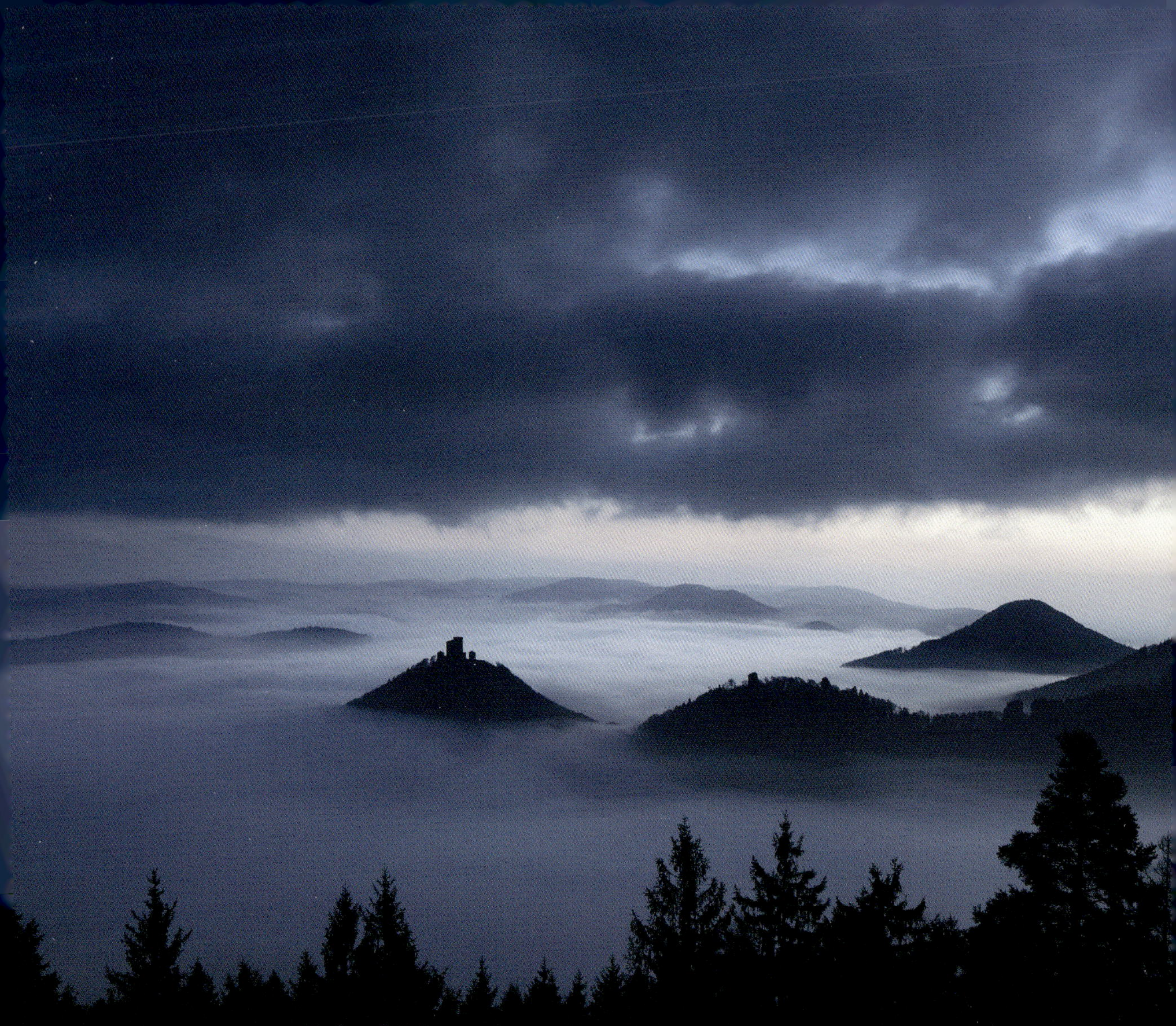

Die Burg Trifels im »echten« Pfälzer Wald liegt 400 Kilometer westlich

durchschnittlich fünfundsechzig Zentimetern und einer Flügelspannweite von einem Meter siebzig bekommt man jedoch selten zu Gesicht. Seine Anwesenheit merkt man meist durch das charakteristische namensgebende Rufen, eine Mischung aus »Buho« und »Uhu«. So geschickt er in der Luft und am Boden jagt, so scheu ist der Uhu tagsüber und zieht sich meist in abgelegene Felswände zurück.

Nur zufällig hatte ich einmal einen Uhu tagsüber im Wald gesehen, er saß auf einem Steinblock. Aufgrund seiner Größe und der »Federohren« hielt ich ihn aus der Entfernung zunächst für einen Fuchs. Umso überraschter war ich, als der »Fuchs« plötzlich seine gewaltigen Schwingen ausbreitete und lautlos zwischen den Bäumen davonsegelte. Bei seinen Mahlzeiten passt sich der Nachtvogel an lokal vorkommende Beutetiere an. Ein Uhu im Tännesberger Forst ist auf Igel spezialisiert. Außerhalb der Brutzeit kann man in der Nähe seines Horstes Dutzende von leer gefressenen Panzern finden. Einiges an Geschick ist erforderlich, sich mit dem stachelbewehrten Insektenfresser anzulegen.

Langsam wurde ich müde. Schnell stellte ich noch den Handy-Wecker auf zwei Uhr. Ein besonderes Schauspiel am wolkenlosen Nachthimmel sollte ein weiterer Höhepunkt sein. Mein Felsenturm war wegen seiner relativ großen Entfernung zum nächsten Ort gut für astronomische Beobachtungen geeignet. Bei diesem Gedanken fielen mir auch schon die Augen zu. Doch schon bald riss mich der Smartphone-Alarm aus dem Schlaf. Im zweiten Versuch schaffte ich es, die nervige Melodie auf stumm zu schalten. In der Stille der nächtlichen Natur kam sie mir ohrenbetäubend laut vor. Aber ich hatte den Wecker ja nicht ohne Grund gestellt.

Ich erinnerte mich an die Sternschnuppennächte mit meinen Eltern. Wenn beim Zelten auf abgelegenen Waldwiesen oder bei Nachtwanderungen unter freiem Himmel gewartet wurde, bis eine der lang ersehnten Lichtspuren am Nachthimmel aufleuchteten. Damals waren die Beobachtungen eher zufälliger Natur, für diese Exkursion in die Dunkelheit hatte ich mich speziell vorbereitet. Das Naturschauspiel am Nachthimmel, das ich mit eigenen Augen verfolgen wollte, war der Sternschnuppenregen der Perseiden. Die Perseiden-Nächte mit ihren vielen Sternschnuppen haben kurz vor Mitte August ihren Höhepunkt. Dann kreuzt die Erde bei ihrer Bahn um die Sonne den Schweif des Kometen 109P/Swift-Tuttle. Kleine Partikel aus dem Kometenschweif dringen in die Erdatmosphäre ein und verglühen. Dabei werden die Gase in der Atmosphäre rund um das Staubteilchen ionisiert. Wir nehmen das als eine kurz aufleuchtende Lichtspur am nächtlichen Firmament wahr. Aus der Vielzahl eindringender Teilchen entsteht ein wahrer Sternschnuppenregen, und von der Erde aus beobachtet sieht es so aus, als würde sich die Quelle der Sternschnuppen im Sternbild des Perseus befinden. Deshalb: die Perseiden.

Mein Aussichtspunkt war perfekt, der umliegende Wald hielt das Kunstlicht von Dörfern und Siedlungen auf Abstand. Flackerte eine Sternenschnuppe auf, war es jedes Mal völlig unvorhersehbar. Ehe ich mich auf eine konzentrieren konnte, war sie auch schon wieder verglüht. Aber zum Glück gab es in dieser Nacht keinen Mangel an Sternschnuppen. Immer wieder erschienen neue Lichtpunkte am Nachthimmel. In meinem Schlafsack ließ sich das Schauspiel bequem beobachten. Aber können Sternschnuppen wirklich Wünsche erfüllen? Egal. Dennoch bereute ich, dass ich mir für die

Perseiden-Nacht nicht vorsorglich eine Wunschliste zurechtgelegt hatte. So kam ich kaum mit dem Wünschen hinterher. Wegen der hohen Frequenz der Sternschnuppen war es schlicht nicht möglich, sich ständig etwas Neues auszudenken. Immerhin war aber mein Wunsch nach einem Zurück zu meinen Wurzeln in den Wäldern meiner Kindheit in Erfüllung gegangen.

Genug der Sternschnuppen, ich gab mich schließlich dem Schlaf unter freiem Himmel hin. Ich hatte die Natur, da sie mir vertraut war, besonders intensiv erlebt. Ich fühlte mich glücklich. Ich verzichtete darauf, nochmals den Wecker zu stellen, sondern ließ mich am nächsten Morgen von der Sonne aus dem Schlaf kitzeln. Zufrieden machte ich mich auf den Rückweg.

Die Erinnerungen an dieses erste nächtliche Abenteuer vor der Haustür begleiten mich fortan. Der Wald bei Nacht hatte mich in seinen Bann gezogen. Ich fing an, ihn zu fotografieren, wenn die Finsternis sich über ihn wölbte. Mehr und mehr begann ich, mich für die dunkle Hälfte des Tages zu interessieren. Aber da Wald nicht gleich Wald ist, musste ich auch bald raus aus der ostbayerischen Komfortzone. Eine schier unendliche Vielfalt heimischer Waldökosysteme wartete darauf, bei Dunkelheit von mir entdeckt zu werden. Ich wollte da anfangen, wo ich mich bereits ein wenig auskannte. Weil es mich ins Rheinland verschlagen hatte, zog es mich hinaus in die westdeutschen Mittelgebirge. In der Eifel fand ich ein Äquivalent zu »meiner« Oberpfalz. Aufregend unspektakulär. Ein Landstrich für Kenner. Nicht übermäßig hoch, dafür sehr abwechslungsreich. Selbstverständlich musste die nächste Nachttour daher in die Eifel führen.

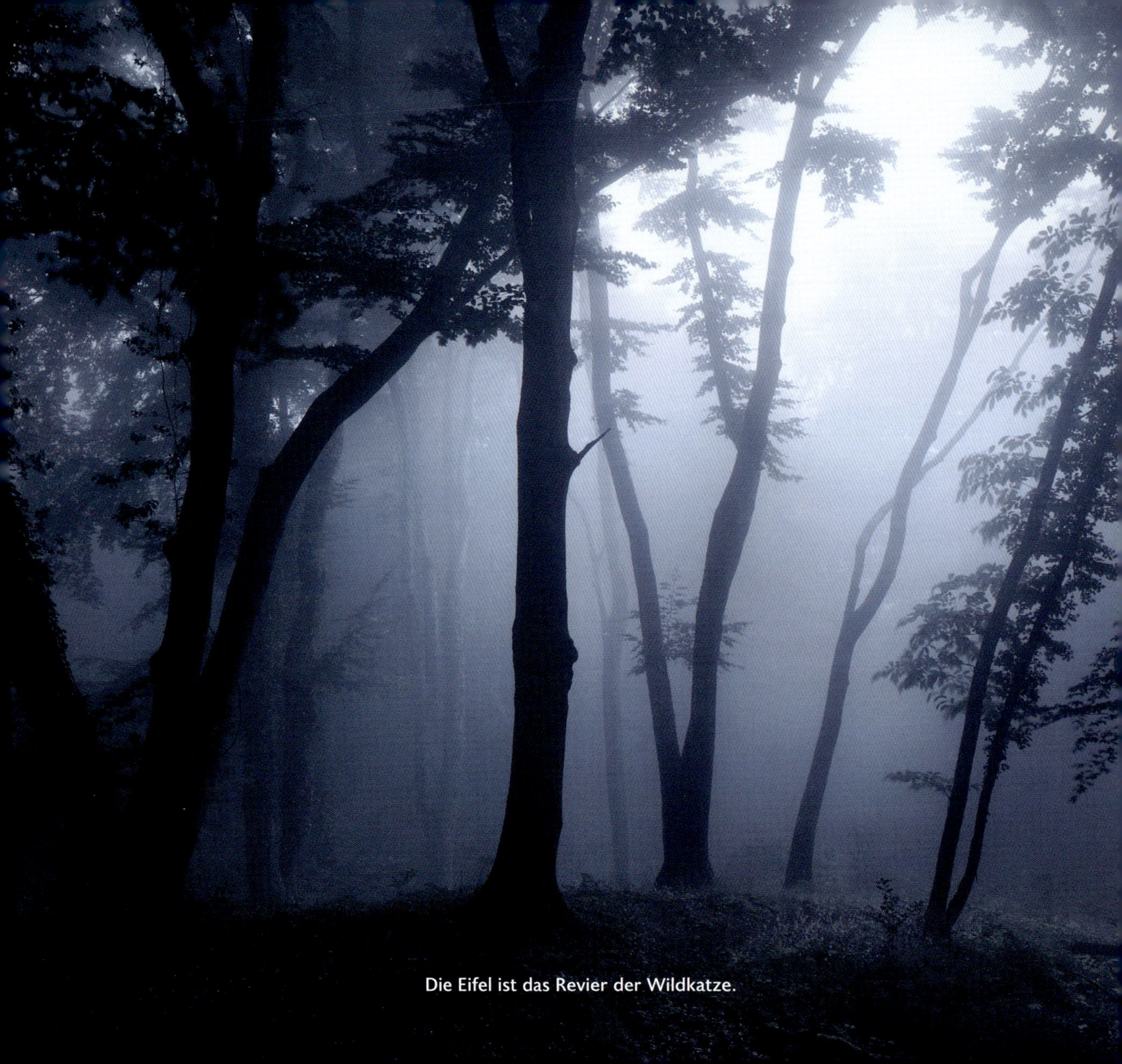

Die Eifel ist das Revier der Wildkatze.

Schlafende Bäume und wilde Katzen

Eifel (Rheinland-Pfalz)

Genau genommen gibt es *die* Eifel gar nicht. Denn die gesamte Region setzt sich aus sehr unterschiedlichen Landschaftstypen zusammen. Vulkaneifel, Kalkeifel, Schneifel, Voreifel etc., und auch der Übergang zu den belgischen Ardennen ist fließend. Bekannt ist dieses Mittelgebirge für Burgen, Vulkane, die kreisrunden und mit Wasser gefüllten Maare (entstanden durch unterirdische Explosionen beim Aufeinandertreffen von heißem Magma und Grundwasser) und den Nürburgring. Zu meinen Lieblingsorten in der Eifel gehört das Ahrtal. Entlang des Oberlaufs gleicht die Ahr noch einem typischen deutschen Mittelgebirgsfluss, sie mäandert durch ein recht sanftes Tal. Aber ab dem Ort Brück verändert sich die Landschaft. Die Hänge werden steiler und felsiger. Die Ahr durchschneidet den hier Ahrgebirge genannten Teil der Eifel. Die zuvor dichten Wälder werden lichter und schließlich von Weinbergen abgelöst. Von Altenahr bis Ahrweiler zeigt sich das Tal als ein einzigartiger Landschaftsraum. Pittoreske Dörfer, Weingüter, Weinberge, dazwischen immer wieder hoch aufragende Schieferfelsen und Burgruinen. Der inzwischen berühmte Rotweinwanderweg schlängelt sich durch die Weinberge hoch über dem Flüsschen entlang und lädt besonders im Herbst zu Verkostungen ein. Durch die Nähe zu Bonn und Köln heißt Ahrtal bei gutem Wetter aber auch viel Ausflugsverkehr.

Deswegen suchte ich schon bei früheren Besuchen im Ahrtal lieber die abgelegenen Steige und Pfade auf. Das Überklettern manch einer Schieferklippe hatte fast alpinen Charakter. Felskanzeln erhoben sich aus mediterran anmutenden Eichenwäldern und gewährten dramatische Tiefblicke ins enge Tal. Durch die Grate und Zacken fühlte ich mich sogar ein wenig an die Alpen erinnert. Das mag übertrieben klingen, aber am Horizont grüßten die Kegelberge des Siebengebirges. Kein Wunder, dass das Ahrtal für mich als Exilbayer zum pseudo-alpinen Sehnsuchtsort geworden war. Hier war es am ehesten möglich, das trubelige Stadtleben rasch gegen ein paar Felsriffe und Steilhänge einzutauschen. Folglich war ich mir sicher, dass das Ahrtal ein wunderbares Terrain für eine Nachtexkursion war.

An einem Spätsommertag startete ich meine Tour. Ich konnte eine gewisse Vorfreude auf die sonnenverwöhnten Schieferfelsen spüren. Mit der Bahn ging es von Köln über Bonn bis nach Altenahr. Die visuelle Entschleunigung begann bereits in Remagen, wo der Zug das infrastrukturell stark erschlossene Rheintal verließ. Weinberge, Weindörfer und Plakate, die an lokale Weinköniginnen erinnerten, flogen an mir vorbei. Gleise, Fluss und Landstraße zwängten sich durch das enge Tal wie bei einem steinernen Nadelöhr. Noch ein Tunnel, dann war ich in Ahrbrück. Der Ort wirkte schon früher ein wenig seltsam. Zum einen war da der verblichene rustikale

Glanz des Bustourismus der Achtzigerjahre mit vielen Aus- und Einstiegen. Zum anderen war mit dem zunehmenden Wandertourismus der letzten Jahre neues Leben eingekehrt. Denn nicht nur was den Wein angeht, hatte sich das Ahrtal neu erfunden.

Ich ließ Tavernen und das Lärmen der Touristengruppen jedoch schnell hinter mir, und über eine Seitenstraße eroberte ich die Ruinen der Burg Are. Ein erster landschaftlicher Höhepunkt, von dem sich meine weiteren Wanderziele gut überblicken ließen. Ich kletterte über eine überwucherte Mauer und fand mich auf einem schmalen, nicht markierten Pfad wieder, der mich auf einen Kamm aus Schieferfelsen führte. Sandalen wären hier fehl am Platz gewesen, und auch in kurzen Hosen hätte man beim Spießrutenlauf durch Weißdorn und Brombeerranken kein Vergnügen gehabt. Doch die raue Schönheit der Natur wog jeden Kratzer auf. Aus Richtung Westen wurden die Schieferfelsen noch von Sonnenlicht geflutet, während der Taleinschnitt östlich von mir bereits im Schatten lag.

Der Trail blieb eine Herausforderung. Kein Ort, an dem man bei Dunkelheit herumturnen mochte. So ging es auf und ab über den Schieferkamm, bis mich ein steiler Abstieg runter ans Ufer der Ahr im Naturschutzgebiet Langfigtal brachte. Dort wartete eine unschöne Überraschung. Die vom Hochwasser im Jahr 2016 zerstörte Brücke war immer noch nicht repariert. Na toll! Die Ahr war damals durch ein lokales Starkregenereignis zu einem richtigen Strom angeschwollen, und gerade hier, im engsten

Talabschnitt, trat sie mannshoch über ihre Ufer. Aber dass die Brücke noch nicht wiederhergestellt war, irritierte mich doch ein wenig, denn ich stand unter Zeitdruck. Der Sonnenuntergang war nicht mehr fern, daher kam ein Rückweg über den Schiefergrat nicht infrage. Also ab durch das Wasser. Dank der angenehmen Temperaturen eindeutig das kleinere Übel. Raus aus Schuhen und Wanderhose, und in zwei Etappen konnte ich meine Ausrüstung heil über den Fluss bringen. Alone into the wild Eifel. Danach ging es auf der gegenüberliegenden Flussseite auf einfachen Wanderpfaden bergwärts in den Wald hinein.

Himmel und Hölle liegen im Ahrtal nahe beieinander. Die Schieferfelsen heißen Teufelsloch, Engelsloch oder Engelsley. Mein nächstes Ziel war die Teufelsley. Die Natur sah spannend aus. Auf losem Schiefergestein wuchsen hier niedrige krumme Eichen, der Wald sah weder nach Mitteleuropa aus, noch roch er danach. Wälder haben einen charakteristischen Duft. Das Laub und die Nadeln der vorherrschenden Baumarten prägen die olfaktorische Komponente. Subjektiv wahrgenommene Essenzen von beruhigender Buche, belebender Birke oder herber Tanne. Hinzu kommt der Duft von Frühjahrsblühern, Pilzen, manchmal sogar der Geruch von Schnee. Aber der Geruch in diesem lichten Eichenhain erinnerte eher an mediterranen Buschwald. Xerophile, also wärmeliebende Arten weisen das Ahrtal als klimatische Insel aus. Im Windschatten der Eifel gedeihen Zwergmispel, Felsenbirne und Dachwurz. Außerdem ist das Ahrtal für seinen feinen Rotwein bekannt.

Sommerliches Abendlicht fiel durch die Stämme und zauberte ein verwirrendes Schattenspiel auf den Boden. Ein Rorschachtest für Naturfreunde. Die Teufelsley selbst ist eine kahle Felsspitze, deren höchster Punkt sich 150 Meter über dem Talboden erhebt. Ein schönes Belvedere zum Sonnenuntergang. Der tief eingeschnittene Lauf des Flusses ließ sich von hier oben aus gut verfolgen. Während der Feuerball der Sonne langsam unterging, genoss ich die Aussicht von den noch warmen Felsen. In einigen Monaten würden die Weinberge dort unten ebenso feurig leuchten wie in diesem Moment der Abendhimmel. Besonders eindrucksvoll war der Blick nach Westen, über die felsige Flussschleife der Ahr hinweg. Der Grat, den ich zuvor überklettert hatte, hob sich scharf vom Horizont ab.

Doch ich musste weiter. In flottem Schritt nahm ich den steilen Anstieg zum nächsten Aussichtspunkt, dem Schrock, in Angriff. Noch verblieb genügend Restlicht, um dem anspruchsvollen Pfad zu folgen. Der Schrock lag nochmals deutlich höher und bot neben einer herrlichen Aussicht auch eine kleine Unterstandshütte. In dieser machte ich es mir gemütlich und kramte einen kleinen Abendsnack aus meinem Rucksack. Ein Glas Ahr-Rotwein zum Feierabend wäre auch fein gewesen, aber natürlich hatte ich noch keinen, denn der Tag war nur das Vorspiel zur Nacht.

Inzwischen war die Dunkelheit endgültig über das Tal hereingebrochen, und es wurde merklich kühler. Also weiter hinein in die Nacht. Jetzt mit Stirnlampe auf dem Kopf. Ich folgte einem Waldweg in Richtung Süden bis zu einer Wiese. Deutliche Geräusche. Vermutlich einige größere Tiere, die in Deckung sprangen. Rotwild vielleicht. Hirschrudel hatte ich im Ahrgebirge schon häufig beobachtet. Die Waldlandschaft lag auf knapp 500 Höhenmetern, rund 350 Meter über dem Flusslauf. Kein Zivilisationslärm störte, über Kilometer zog sich der Wald nach Süden hin.

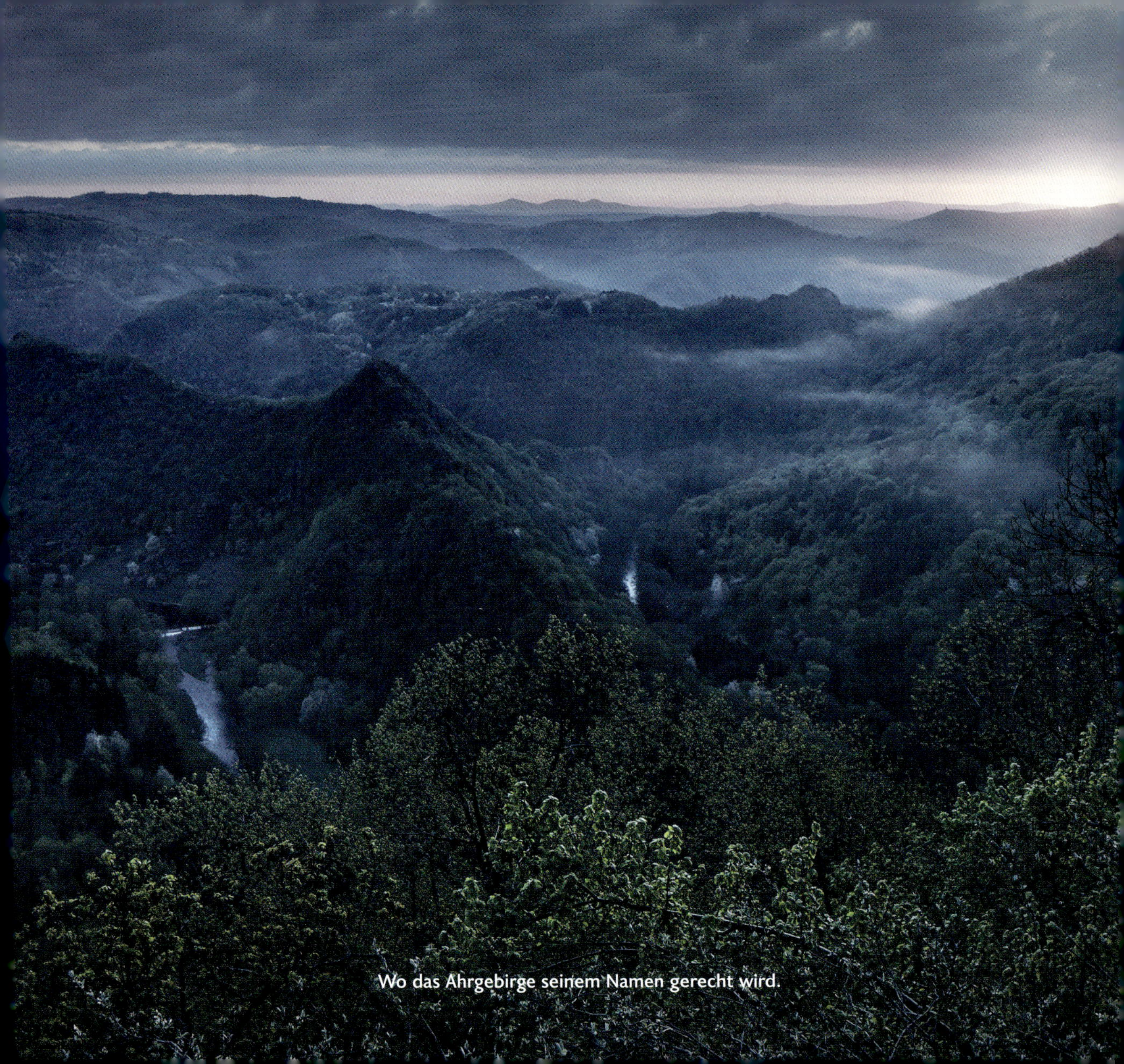

Wo das Ahrgebirge seinem Namen gerecht wird.

Nach einiger Zeit erreichte ich den Bergrücken des Steinerbergs, den höchsten Punkt meiner Wanderung. Das gleichnamige Berghaus ließ ich heute links liegen und suchte mir auf einer Lichtung ein Plätzchen für ein Nachtlager. In dieser Sommernacht reichte mir ein leichter Schlafsack als Unterschlupf. Nochmals blickte ich nach Westen weit in die Landschaft. Lichtkuppeln entfalteten sich über den Siedlungen, doch hier oben schien die Natur noch ihren üblichen Lauf zu nehmen. Beim abendlichen Konzert von Heuhüpfern und Grillen lag ich in der ersten Reihe. Ich war mir sicher, dass mindestens hundert Augenpaare großer und kleiner Tiere durch das Gras und vom Waldrand her zu mir schauten.

Die Nacht ist schon seltsam. Wir erleben sie meist umgeben von künstlichem Licht, aber die Natur der Nacht selbst ist uns fremd geworden. Die Gleichung, Nacht ist wie Tag, nur mit ausgeknipstem Licht, geht nicht auf.

Das Kronendach des nahen Walds zeichnete sich sanft vom Nachthimmel ab. Wie ein kleiner Wurm lag ich in meinem Schlafsack zwischen all den Riesen und überlegte, wie Bäume den Unterschied zwischen Tag und Nacht erfahren. Bäume erleben viel, aber erzählen wenig. Daher haben Wissenschaftler in den letzten Jahren es sich zur Aufgabe gemacht, die nächtlichen Geheimnisse rund um den Wald ein wenig zu lüften. Wie genau Bäume und andere Waldpflanzen während der Nacht ihre Stoffwechselprozesse umstellen.

Tagsüber werden bei der Fotosynthese in Blättern aus Lichtenergie, Kohlendioxid und Wasser Kohlenhydrate und Sauerstoff hergestellt. Eine wichtige Funktion spielt bei diesem Prozess das auch Blattgrün genannte Chlorophyll. Diese natürlichen Farbstoffe absorbieren das Licht und steuern den Energietransfer. Nachts jedoch funktioniert die Fotosynthese mangels Licht nicht. Da die Pflanzen aber auch in diesen finsteren Stunden Energie benötigen, stellen die Zellen auf Dunkelatmung um, bei der die tagsüber eingelagerten Kohlenhydrate zusammen mit Sauerstoff aus der Luft verbraucht werden. Bei dieser nächtlichen Energiegewinnung setzen Pflanzen Kohlendioxid frei. Da aber in der Gesamtbilanz dennoch mehr Sauerstoff abgegeben wird, tragen Pflanzen allgemein zur Senkung des Kohlendioxidgehalts in der Luft bei.

Auch die Blüten der meisten Pflanzen reagieren auf Tag und Nacht. Tagsüber sind sie geöffnet und locken Insekten wie Bienen oder Schmetterlinge an. Aber es gibt daneben Pflanzen, die erst nachts ihre Blüten öffnen: Nachtkerze, Seifenkraut, Leimkraut, Mondwinde oder Wegwarte verbreiten einen intensiven Duft, um Nachtfalter für sich zu gewinnen. Die Nachtinsekten fliegen dem Geruch hinterher und bestäuben sie mit ihren vorwiegend langen Rüsseln. Damit die Pflanzen nicht übersehen werden, haben sie besonders helle und besonders große Blüten. So verstärken sie noch während der Dämmerung oder in Mondnächten das Restlicht und senden neben den Lockdüften auch visuelle Reize aus.

Große nächtliche Blüten sah ich aber weit und breit nicht, sie würde ich eher in Gärten oder unter Gartenabfällen finden. Stattdessen funkelten am klaren Nachthimmel Sterne. Die Nachtluft fühlte sich feucht an. Kurz überlegte ich, ob es tatsächlich eine so gute Idee war, unter freiem Himmel zu campieren. Aber der Schlafsack war beschichtet und würde möglichen Morgentau fernhalten. Mit halb geöffneten Augenlidern dachte ich über den Schlaf der Bäume nach.

Bäume in unseren Breiten fallen während der kalten Jahreszeit in eine Art Winterschlaf. Die Lebenssäfte ziehen sich im Herbst zunehmend aus den Ästen und Zweigen zurück, und das bunte Blätterkleid wird vom Herbstwind in der Landschaft verteilt. Die kahlen Laubbäume erinnern dann an Tuschezeichnungen. Auch die Lärche verliert ihr Nadelkleid. Bei anderen Nadelbäumen ist der Austausch der Nadeln weniger auffällig, aber selbst sie fahren in den kalten Monaten die Lebensaktivitäten bis zum Frühling herunter. Aber eine Ruhezeit der Bäume im Winter war nicht das, was mich beschäftigte: Brauchten sie daneben noch so etwas wie eine tägliche Dosis Schlaf?

Dadurch, dass sich Blüten überwiegend am Morgen öffnen und abends schließen, muss ein Tag-Nacht-Rhythmus existieren. Manche Pflanzen wie der Sauerklee klappen sogar ihre normalen Blätter ein. Carl von Linné, schwedischer Botaniker und Zoologe, beobachtete im 18. Jahrhundert das Öffnen von Blütenblättern in dunklen Räumen unabhängig von der Sonneneinstrahlung und kam zu dem Ergebnis, dass jede Pflanzenart ihren eigenen Biorhythmus hat. Er soll sogar versucht haben, eine Art Blumenuhr anzulegen, mit Arten, die zu charakteristischen Uhrzeiten im Tageslauf ihre Blüten öffnen. Die Nachtkerze war demnach die Zeigerart für die Abendstunden rund um 20:00 Uhr.

Aber lassen sich diese Erkundungen auch auf Bäume übertragen?

Ein Team aus österreichischen, finnischen und ungarischen Wissenschaftlern untersuchte den Tag-und-Nacht-Zyklus von Bäumen. Um selbst minimale Bewegungen in der Baumkrone aufzuzeichnen, wurden in windstillen Nächten von einzelnen Bäumen in gleichmäßigen zeitlichen Abständen Laserscans mit Millionen von Messpunkten erstellt. So gelang es, auch kleinste Abweichungen schnell und effektiv zu messen. Dabei wurde festgestellt, dass Bäume während der Nacht tatsächlich ihre Form verändern. Zwar nur in sehr geringem Ausmaß (bei einem Baum von fünf Metern Höhe rund zehn Zentimeter), aber der Effekt wurde inzwischen an verschiedenen Orten nachgewiesen. Der konkrete Zusammenhang mit dem Wasserhaushalt der Bäume muss noch erforscht werden. Aber man vermutet, dass darin der Grund für die nächtliche Formveränderung liegt. Es ist wohl so: Tagsüber öffnen sich die winzigen Spaltöffnungen der Blätter, wodurch Wasser verdunsten kann. Ein Unterdruck entsteht, sodass durch Kapillareffekt die Lebenssäfte von den Wurzeln bis zu den Blättern hochgezogen werden. Nachts schließen sich die Spaltöffnungen wieder. Der Wasserdruck lässt nach, und die Äste der gesamten Baumkrone sinken deshalb nach unten. Gleichzeitig scheint der Energieumsatz der Bäume herabgesetzt zu werden.

Weitere Forschungen sind nötig, um herauszufinden, ob tatsächlich von einer Nachtruhe oder Schlafpause gesprochen werden kann. Es gibt Hinweise, dass Bäume, die nachts Kunstlicht ausgesetzt sind, in eine Art Wachstumsstress fallen, da die Spaltöffnungen der Blätter zur Fotosynthese geöffnet bleiben und so die nächtlichen Erholungsphasen fehlen. In seinem Buch *Das geheime Leben der Bäume* verweist der Förster Peter Wohlleben auf einen Artikel aus der Fachzeitschrift *Das Gartenamt* von 1981, laut dem ein großflächiges Absterben von Eichen in den USA zum Teil auf nächtliche Dauerbeleuchtung mit Kunstlicht zurückzuführen war. Auch Bäume haben nachts also Pausen verdient.

Ich war zwar kein Baum, aber eine Nachtruhe würde mir ebenfalls guttun. Die nach Bergkräutern duftende Luft auf der Lichtung im Ahrgebirge machte müde. Ich sagte der Natur »Gute Nacht«, kroch noch ein paar Zentimeter tiefer in meinen Schlafsack und schlief bald darauf ein.

Um halb fünf Uhr morgens klingelte mein Wecker. Meine Gesichtshaut fühlte sich klamm und feucht an. Ich kämpfte eine Hand aus dem Schlafsack frei, wischte mir über die Augen und stellte fest, dass es tatsächlich Tau gegeben hatte. Die meisten Menschen unterschätzen Tau – vermutlich, weil nur wenige während der Sommermonate frühmorgens unterwegs sind. Tau ist nasser als Wasser. Ich kann mit meinen Bergstiefeln problemlos durch einen Bach waten, aber bei von Tau benetztem Gras kommen sie schnell an ihre Grenzen. Es ist eine schleichende Feuchtigkeit, die alles durchdringt. Manchmal war ich zur Dämmerung bereits in Neopren-Wathosen auf Wiesen unterwegs, um mich vor Tau zu schützen. Sah dann natürlich ein bisschen albern aus. Ein Mann in Wathose auf einer Wiese, fernab vom nächsten Gewässer. Aber ich war als Fotograf unterwegs und nicht als Outdoor-Model.

Die Wathose war an diesem Morgen zum Glück nicht nötig, der Tau hielt sich in Grenzen. Der Schlafsack war dank seiner Beschichtung schnell trocken geschüttelt, und sobald ich von der Wiese in den nahen Wald gehuscht war, ließ ich auch den Tau hinter mir. Als nächtlicher Niederschlag benetzte er vor allem die unter freiem Himmel liegenden Teile der Umgebung. Im Wald dagegen war es trocken. Es wäre vernünftig gewesen, wenn ich mir einen Übernachtungsplatz unter dem Blätterdach eines Baums gesucht hätte. Aber wer möchte schon stets vernünftig sein?

Zumal Tau aus fotografischer Sicht ein gutes Zeichen ist. Die tagsüber erwärmte Luft kann mehr Feuchtigkeit aufnehmen als die kühle Nachtluft. Der Anteil des Wasserdampfs am Gasgemisch der Luft steigt. Wenn sich diese während der Abendstunden abzukühlen beginnt, ist die Luft schnell mit Wasserdampf gesättigt, und die überschüssige Feuchtigkeit muss abgegeben werden. Am sogenannten Taupunkt ist die Luft zu hundert Prozent mit Wasserdampf gesättigt. Der Taupunkt ist ein Temperaturwert: Sind Außentemperatur und Taupunkt ungefähr gleich, wird der in der Luft enthaltene Wasserdampf in flüssiger Form als Nebel oder Tau abgegeben. Das geschieht besonders während wolkenloser Nächte, da die nächtliche Ausstrahlung dann mangels blockierender Wolkenschichten zu einer besonders starken Abkühlung der untersten Luftschichten führt. Da ich als Fotograf gerne mit Nebel als gestalterischem Mittel bei meinen Wald- und Landschaftsfotos arbeite, ist der Taupunkt für mich ein wichtiges Indiz zur Nebelvorhersage.

Also war auch der nächtliche Tau im Ahrgebirge ein gutes Zeichen für Nebel im tiefer gelegenen Ahrtal. Im Lichtschein der Stirnlampe war hier oben jedoch noch kein

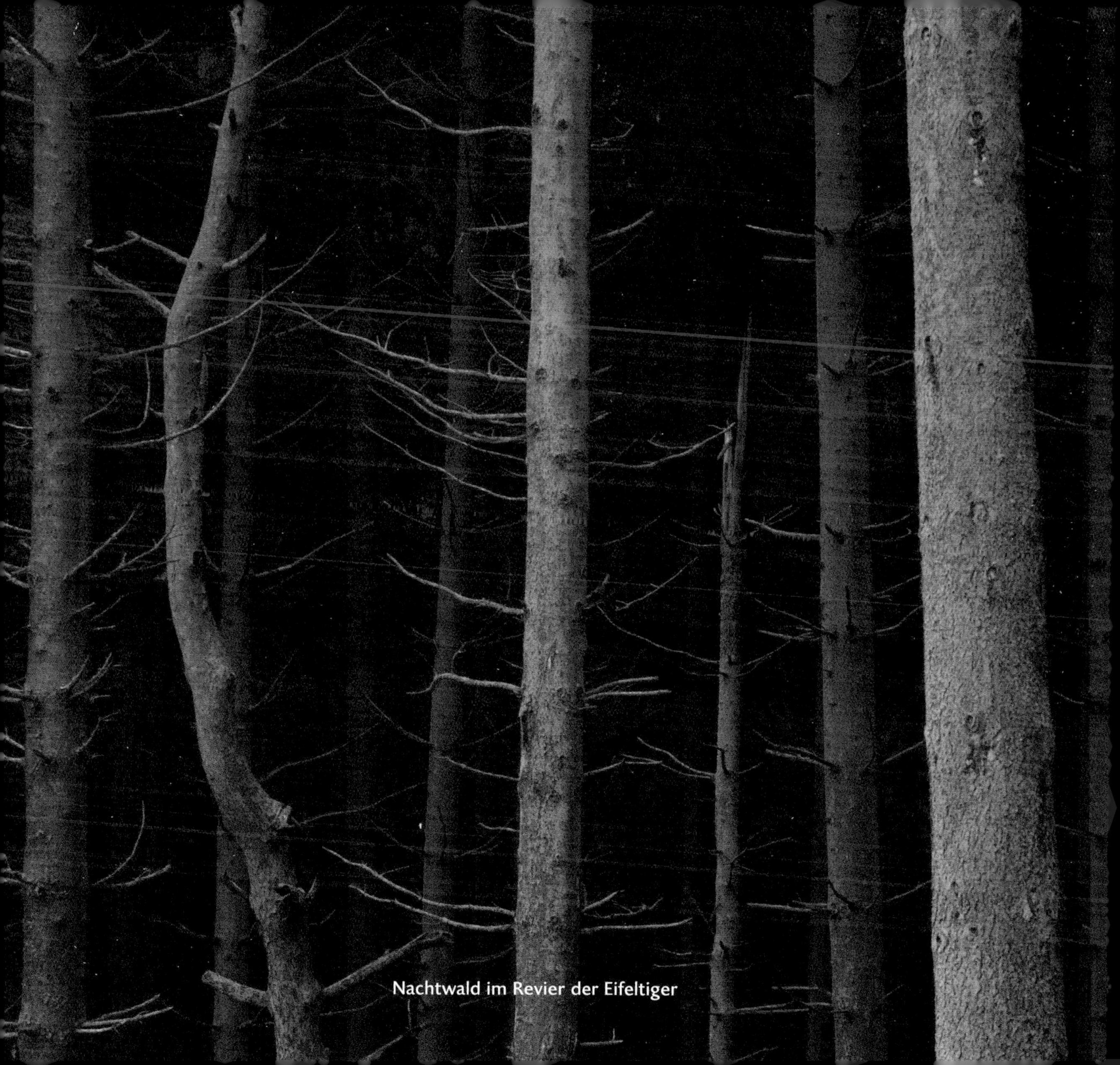

Nachtwald im Revier der Eifeltiger

Nebel zu sehen. Nur stockdunkle Nacht. Aber es warteten auch noch mehrere Kilometer Wanderung auf mich. Über breite Forstwege durch den finsteren Wald zu laufen, war herrlich unspektakulär. Doch würde ich allein durch meine Anwesenheit das nächtliche Gleichgewicht der Natur stören? Vielleicht. Und so versuchte ich mich möglichst leise zu bewegen und dimmte die Stirnlampe noch ein wenig runter.

Nadelwald, Laubwald und Wiesenflächen wechselten sich entlang meines Wanderpfads ab. Plötzlich verharrte ich in der Bewegung, denn es war mir, als hätte ich im Augenwinkel ein Flackern wahrgenommen. Ich wendete mich zu einer Lichtung, und zwei leuchtende Punkte schienen mir aus einer Baumkrone entgegen. Ich überlegte, was für ein Tier mich da gerade anstarrte. Ein Baummarder? Doch für ein solches kleineres Säugetier war der Abstand zwischen den Augen zu groß. Konnte es eine Wildkatze sein? Eine Begegnung mit einem der größeren Raubtiere unserer heimischen Wälder wäre etwas ganz Besonderes. Dass in der Eifel und im Ahrgebirge eine stattliche Wildkatzenpopulation lebte, das wusste ich.

Langsam schlich ich näher, das Augenpaar wies mir im gedimmten Licht der Stirnlampe den Weg. Tatsächlich war es eine Katze. Aber eine Wildkatze? Ich erhaschte einen flüchtigen Blick auf den Schwanz. Buschig, geringelt, stumpfes Ende. Mein Gefühl sagte: ja. Das Tier wirkte gedrungen, aber gleichzeitig größer als die typische Hauskatze. Mit dem Handy machte ich ein paar Schnappschüsse, die sich im Nachhinein als unbrauchbar erwiesen. Um die große Kamera aus dem Rucksack zu holen, war keine Zeit. Schon hatte das Tier genug vom nächtlichen Eindringling, sprang an der Rückseite des Baums hinunter und verschwand in der Dunkelheit. Ich verfolgte es nicht weiter. Aber ich war mir inzwischen relativ sicher, dass es eine Wildkatze war. Nicht nur der Schwanz, auch das Fellmuster war eindeutig. Kaum eine Hauskatze eroberte ein Gebirge, kilometerweit von der nächsten Ortschaft entfernt. Aber ohne aussagekräftiges Foto war die Bestätigung schwierig. Sicher war nur, dass die Eifel zum Wildkatzenland zählte.

Die Eifeltiger – wie sie auch liebevoll genannt werden – sind hervorragende Jäger. Man schätzt, dass es in Deutschland bis zu 10 000 Wildkatzen gibt, hauptsächlich leben sie im Pfälzerwald, im Hunsrück, Taunus, Harz, in Hainich, Solling und eben in der Eifel. Anhand von Wildkameras und Opfern von Verkehrsunfällen konnte in den letzten Jahren eine Ausbreitungstendenz festgestellt werden. Die Wildkatze bevorzugt abwechslungsreiche Lebensräume mit unterschiedlichen ökologischen Nischen. Die abgelegene Waldlandschaft des Ahrgebirges mit den eingestreuten Felsen, Wiesen und Lichtungen scheint als Habitat prädestiniert zu sein. Im Gegensatz zu den von der afrikanischen Falbkatze abstammenden Hauskatzen ist die Wildkatze eher eine Einzelgängerin. Leistungsfähige Augen erleichtern die Jagd in der Dunkelheit. Zum einen besitzen Wildkatzen das bereits erwähnte *Tapetum lucidum*, was die Nachtsicht enorm verbessert. Die im Schein der Stirnlampe glühenden Katzenaugen demonstrierten eindrucksvoll die reflektierende Wirkung. Außerdem kann sich die Pupille der Wildkatzen dreimal stärker weiten als die des Menschen, wodurch selbst bei schlechten Sichtbedingungen noch einiges an Licht auf die Netzhaut trifft. Auch die Anzahl an lichtempfindlichen Stäbchenzellen auf der Netzhaut ist sehr hoch. Aber Wildkatzen sind noch weiter an das Leben in der Dunkelheit angepasst. Die ausgeprägten Schnurrhaare unterstützen sie bei der nächtlichen Jagd im Unterholz, da sie sich mit ihnen selbst auf engem Raum zwischen Baumstämmen orientieren können. Für meine Touren durch die Finsternis wären schärfere Sinne auch wünschenswert gewesen. Ich musste mich auf die Stirnlampe verlassen.

Nach einigen Kilometern über Wege und Pfade erreichte ich wieder die steile Kante, an der die Hochfläche des Ahrgebirges in das tief eingeschnittene Flusstal übergeht. Wie erwartet hatte sich in den Tallagen ein wenig Nebel gebildet. Das taunasse Gras an meinem Übernachtungsplatz hatte mich also nicht getäuscht. Auf felsigem Pfad ging es weiter zum Aussichtspunkt Hornberg. Dort fand ich erneut eine kleine hölzerne Unterstandshütte – wie am Abend zuvor am Schrock. Ein idealer Platz für einen Sonnenaufgang. Von hier überblickte ich meine Wegstrecke von gestern Abend, sogar die Gipfel des Siebengebirges, jenseits des Rheins gelegen, waren sichtbar.

Die Sonne ging auf – und mit den ersten Strahlen veränderte sich schlagartig der Charakter der Landschaft. Der Nebel begann im Licht zu glühen, und die geheimnisvolle Düsternis der Nacht verschwand aus den Tälern. In warmen Farben wurden die Schieferfelsen von der aufgehenden Sonne herausmodelliert. Nach und nach herrschte auch unten in den Dörfern am Flusslauf geschäftiges Treiben. Dorthin musste ich noch absteigen. Ich ersparte mir weitere Kletterpartien und kam so unversehrt an meinen Ausgangspunkt Altenahr an. Mit dem Zug ging es zurück nach Köln.

Unterwegs überlegte ich, wo in Deutschland es sich lohnen könnte, auf Sternenjagd zu gehen. Meine Wahl fiel auf die Rhön…

Moorkiefern verneigen sich vor dem Band der Milchstraße

Der Sternenpark

Rhön (Bayern, Hessen, Thüringen)

Die Rhön wird als Mittelgebirge oftmals unterschätzt. Zu Unrecht, denn mit ihren Kuppen, Basaltfelsen und Mooren bietet sie interessante Naturschauplätze. Drei Bundesländer – Bayern, Hessen und Thüringen – teilen sich diese von Vulkangestein geprägte Landschaft. Generell ist die Rhön weniger bewaldet wie andere Mittelgebirge. So wird sie auch als »Land der offenen Fernen« vermarktet. Von den Gipfeln, wie der immerhin 950 Meter hohen Wasserkuppe, bieten sich atemberaubend weite Aussichten. Zumal eine Straße dort nicht nur Wanderer, sondern auch eine Vielzahl Segelflieger näher zum Himmel bringt. In der Nacht kehrt in der Rhön dagegen Ruhe ein, denn Teile des Gebiets gehören zum Sternenpark. Mit dem Prädikat »Sternenpark« werden von der International Dark-Sky Association (IDA) Regionen mit schützenswerter und annähernd natürlicher Nachtlandschaft ausgezeichnet. In Sternenparks soll die Lichtverschmutzung durch künstliche Beleuchtung reduziert werden, um nachtaktive Tiere und die Pflanzenwelt weniger in ihrem natürlichen Tag-Nacht-Rhythmus zu beeinflussen. Als eine der ersten Regionen in Deutschland erhielt die Rhön diese Auszeichnung im August 2014. An vielen Orten hat die Zahl der sichtbaren Sterne in den letzten Jahrzehnten abgenommen. Heute leuchten in weiten Teilen Mitteleuropas kaum mehr als 100 Sterne am Nachthimmel. Über der Rhön dagegen zeigt sich das Sternenzelt in naturnaher Pracht.

Mehrere »Himmelsschauplätze« laden mit Holzliegen und Polarsternfindern zu nächtlichen Beobachtungen ein. Die gute Sichtbarkeit des Sternenhimmels und der Milchstraße lockt auch Fotografen an. Je weniger Kunstlicht eine Nachtaufnahme beeinflusst, desto besser. Die Rhön ist relativ dünn besiedelt, und die Orte liegen meist in den Tälern, sodass sich die Lichtverschmutzung in Grenzen hält.

Zu den faszinierendsten Landschaftsräumen der Rhön gehören die ausgedehnten Moorhochflächen. Im Übergangsbereich vom Wald zum Moor findet man oft besonders markante Bäume. Die extremen Standorte nahe am stets nassen Moorkörper, aber auch das raue Klima in den Hochlagen der Rhön hinterlassen ihre Spuren. Diese krummen Bäume sind dankbare Vordergrundmotive beim Fotografieren der Milchstraße.

In der nächsten wolkenlosen Sommer-Neumondnacht stand also die Rhön auf meiner nächtlichen Agenda. Der Mond hätte bei Aufnahmen der Milchstraße gestört. Ich kann nur empfehlen, nachts einfach mal mitten im Nirgendwo das Auto zu parken, die Scheinwerfer auszuschalten und den Augen ein paar Minuten zum Gewöhnen an die Dunkelheit zu geben. Die nächtliche Natur wird sich von einer völlig neuen Seite zeigen. Auch Nachtwanderungen auf einfach zu laufenden Strecken ohne zusätzliches

Licht kann ich nur empfehlen. Wenn ich früher Kommilitonen mit auf eine nächtliche Tour nahm, waren die völlig aus dem Häuschen, wenn sie erstmals die Milchstraße unter natürlichen Bedingungen sehen konnten. Krass. Mehr als einmal lagen wir im Sommer auf dem Rücken im Gras und schauten hoch in den Nachthimmel. Ein Naturwunder, das in seiner Schönheit nicht mit Fotos auf Facebook zu vergleichen ist.

In der Dunkelheit erreichte ich einen Wanderparkplatz. Bereits beim Aussteigen fiel mir auf, dass weder Schleierwolken oder Kondensstreifen die Sicht auf die Sterne beeinträchtigten. Die Sternenbeobachtung lohnt bei wolkenfreien, trockenen Luftmassen besonders. In dieser Rhöner Neumondnacht konnte ich mit jeder Sekunde mehr Sterne erkennen. Ich marschierte los und wurde eins mit der nächtlichen Natur. Die Stirnlampe blieb aus. Ich verhielt mich möglichst unauffällig, um von der Tierwelt nicht zu sehr als Eindringling wahrgenommen zu werden. Auf den Höhenzügen der Rhön gibt es weite Graslandschaften, alte Wälder und Moore. Intensive Landwirtschaft findet erst einige Kilometer entfernt statt. Kein Wunder also, dass es um mich herum überall krabbelte und mir ständig Insekten ums Gesicht schwirrten. Nicht immer angenehm, aber ein Hinweis, dass die Natur hier intakter ist als anderswo.

Zwischen einzeln stehenden Moorkiefern suchte ich eine geeignete Aufnahmeposition. Kühle Nachtluft strich mir über das Gesicht. Erneut überraschte mich, wie unterschiedlich das Mikroklima rund um Moore im Vergleich zu dem der restlichen Landschaft ist. Die über Jahrtausende aufgebauten Torfschichten der Hochmoore sind Wasserspeicher und zugleich CO_2-Senken. Nachts ist die Luftfeuchtigkeit höher als im Umland, die Temperaturen sind niedriger. Schließlich fand ich eine zufriedenstellende

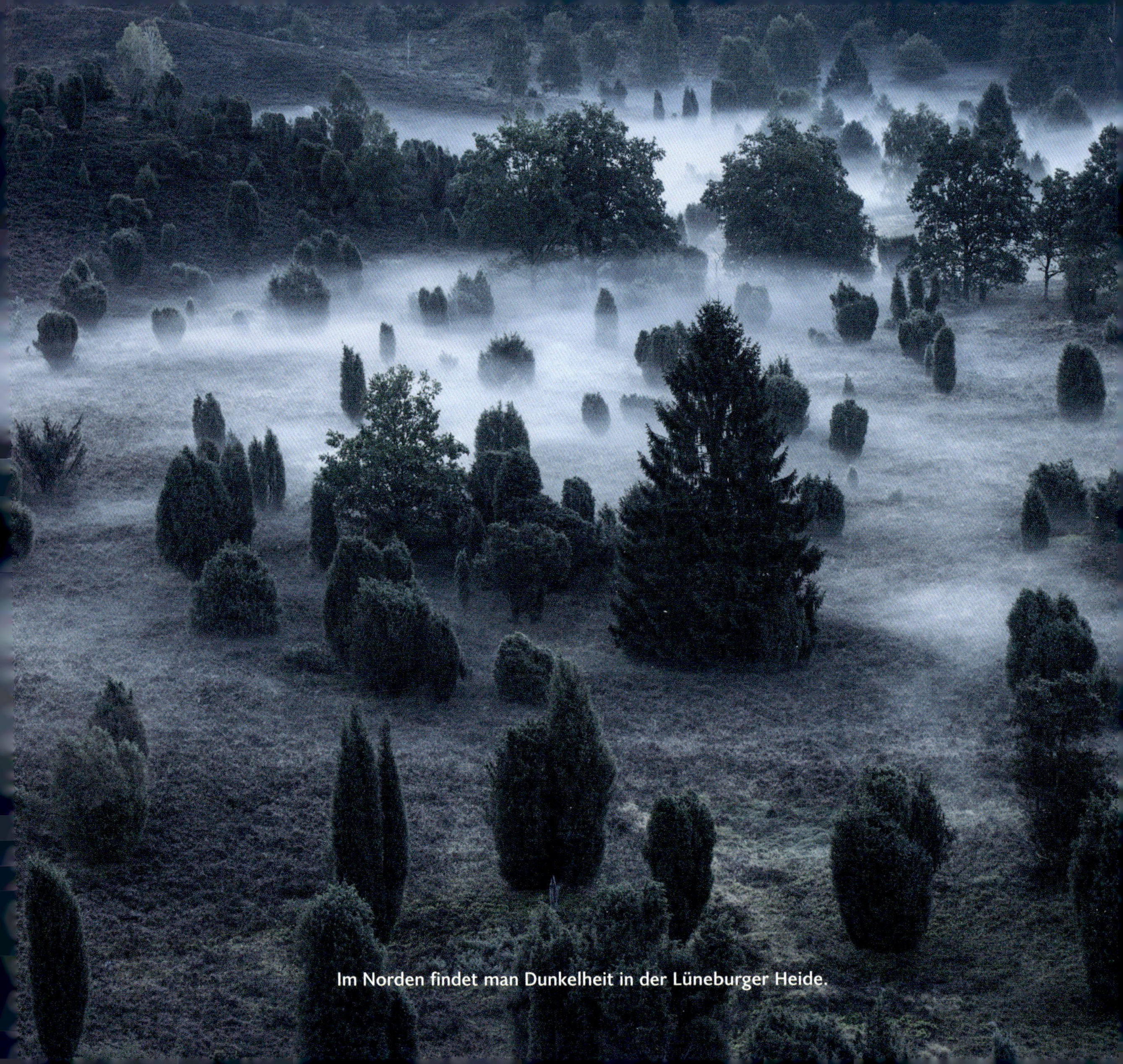

Im Norden findet man Dunkelheit in der Lüneburger Heide.

Komposition. Die Bäume bildeten einen natürlichen Rahmen für die Milchstraße, die fast senkrecht über dem Horizont stand. Das leuchtende Band am Nachthimmel ist nichts anderes als der Blick ins Zentrum unserer Galaxie. Das Sonnensystem ist nur ein winziges Element in dieser Spiralgalaxie. In der mich umgebenden Finsternis waren die sichtbaren Details atemberaubend. Denn neben Abertausenden Sternen waren sogar farbige Emissionsnebel und auch Dunkelwolken erkennbar. Die Milchstraße wirkte fast dreidimensional. Ein Indiz für die gute Sicht war die Dunkelwolke »Dark Horse Nebula« (das »dunkle Pferd« konnte man tatsächlich gut erkennen) im südwestlichen Bereich der Milchstraße. Für Nachtaufnahmen des Sternenhimmels lohnte es sich also, das Kunstlicht zu meiden und einen besonders dunklen Ort aufzusuchen.

Für die Natur hat künstliche Beleuchtung gravierende Auswirkungen. Da viele Tierarten nachtaktiv sind, liegt es auf der Hand, dass die Lichtverschmutzung großen Einfluss auf ihr Verhalten hat. Global gesehen bevorzugen zum Beispiel 63,8 Prozent aller Säugetiere, 93,3 Prozent aller Amphibien und 77,8 Prozent aller Schmetterlinge die Dunkelheit. Ich vermutete zunächst, dass dies vor allem Arten in den Tropen betrifft. Aber auch hier in Mitteleuropa gibt es viele Tiere, die die Dunkelheit bevorzugen. Bei einer Erhebung der Schmetterlinge Tirols zeigte sich, dass von 2700 Arten 85 Prozent nachtaktiv waren.

Gerade Insekten leiden unter der Lichtverschmutzung. Künstliche Lichtquellen ziehen die Falter an, und Milliarden von ihnen werden so jährlich aus ihrem Lebensrhythmus gerissen. Aber warum fliegen Motten in das Licht? Sind sie besessen davon? Bislang gibt es keine eindeutige Erklärung, aber eine Theorie besagt, dass Insekten Mondlicht zur Orientierung nutzen, für sie ist es der hellste Punkt. Heute gibt es aber unendlich viele dem Mond ähnelnde Lichtquellen, nur künstlicher Art. Der Lichtschein wird zur Falle. Massen von Insekten umschwirren einzelne Straßenlaternen bis zur Erschöpfung. Sogar von einem Staubsaugereffekt des Kunstlichts ist hier die Rede. So gebannt vom Licht versäumen sie Nahrungssuche und Fortpflanzung, was die Bestände gefährdet.

Während sich Menschen nachts an Lichtkorridoren (Straßenbeleuchtungen) orientieren und ihnen durch die Dunkelheit folgen, sind sie für Wildtiere häufig Barrieren. Sie durchschneiden von Natur aus dunkle Lebensräume. Nicht nur für Insekten wird das Kunstlicht zum Verhängnis, bestimmte Fledermausarten meiden die erhellten Bereiche und nehmen zum Ausweichen kräftezehrende Umwege in Kauf.

Andere Fledermausarten und Eulen machen sich das Kunstlicht bei ihrer Jagd dagegen zunutze. Einmal beobachtete ich eine Schleiereule, die sich um eine Straßenlaterne die größten Nachtfalter zielsicher aus der Luft schnappte. Aber auch wenn es ein paar Profiteure gibt, ist es gut, dass die Lichtverschmutzung noch mehr mediale Aufmerksamkeit bekommt.

Inzwischen hatte ich die Milchstraße auf den Sensor gebannt und lief zurück zu meinem Ausgangspunkt. Zwischen den Baumkronen des Moorwalds sah ich das Sternenzelt durchglitzern. Wie unterschiedlich doch Nächte sind. Bei Neumond wie an diesem Tag war es um mich herum stockfinster. Nur der breite Pfad ermöglichte mir ein stolperfreies Vorwärtskommen. Die Sterne über mir waren die einzigen Lichtpunkte. Irgendwie beruhigte mich die Milchstraße sogar. Ein Lichtschimmer über dem ansonsten stockfinsteren Wald.

Wäre es jetzt bewölkt gewesen, wäre ich nicht ohne Taschenlampe ausgekommen. Sternenlose Nächte im Wald sind einfach nur schwarz. Dann sieht man absolut nichts mehr und fühlt sich, als wäre man in ein Tintenfass gefallen. Absolute Dunkelheit. Ein schwarzes Nichts. Bis heute habe ich mich nicht so richtig mit derartigen Bedingungen anfreunden können. Eine Orientierung ohne künstliche Lichtquellen ist dann nicht mehr möglich.

Interessanterweise haben tief hängende nächtliche Wolken über Städten einen ganz anderen Effekt. Es wird nicht dunkler, sondern heller, da die Wolken wie ein riesiger Reflektor für das abgestrahlte Kunstlicht wirken. Das Licht wird gestreut zurückgeworfen und die Landschaft weit über die Stadtgrenzen hinaus von rötlichem Licht erhellt. Ein paarmal hatte ich diesen rötlichen Lichtschein bereits für die ersten Anzeichen von Morgenrot gehalten und stand am Ende doch nur im grauen Wolkeneinerlei.

Da ist mir der Mond schon lieber. Mein treuester Verbündeter der nächtlichen Illumination. Der Erdtrabant ist mir sogar noch angenehmer als die Milchstraße. Er lässt die Landschaft in anderem Licht erstrahlen. Der Mond leuchtet aus Winkeln, die die Sonne nie erreicht, und so kann man mit Mondlicht außergewöhnliche Lichtstimmungen festhalten.

Die Streuung des Mondlichts in den verschiedenen Schichten der Atmosphäre hellt den gesamten Himmel auf. Daher sind bei Vollmond kaum noch Sterne zu sehen. Nach Sonnenuntergang ist der Mond einfach das eindrucksvollste Himmelsobjekt und übt daher seit Jahrtausenden eine große Faszination auf Menschen aus. Er wurde mit Göttern und Göttinnen gleichgesetzt, viele Sagen und Märchen handeln vom Mond.

Auch unsere Monate sind am Mondrhythmus angelehnt. Durch seine Zu- und Abnahme hatte er für unsere Vorfahren etwas Lebendiges und wurde mit vielen Weissagungen und Prophezeiungen verbunden. Gerade in Vollmondnächten schien die Grenze zwischen der Welt der Menschen und dem Geisterreich durchlässiger zu sein.

Aber auch heute ist der Mond noch sehr präsent in unserer Alltagswelt. Schon Tage vor einer Mondfinsternis oder einem Supermond überschlagen sich die Medien mit Meldungen. Vielleicht liegt das daran, dass der Mond dank seiner Strahlkraft der einzige nächtliche Himmelskörper ist, der selbst im Zentrum einer Großstadt gut beobachtet werden kann. Aber natürlich ist das Mondlicht eindrucksvoller, wenn keine künstlichen Lichtquellen in der Nähe sind. Besonders im Winter erstrahlen verschneite Vollmondlandschaften unheimlich hell. Ganze Waldgebiete werden davon ausgeleuchtet.

In der Bewirtschaftung unserer Wälder spielt der Mond ebenfalls eine Rolle. So hat Mondholz – im Winter bei abnehmendem Mond kurz vor Neumond geschlagen – den Ruf, besonders ausdauernd und resistent gegenüber Holzschädlingen zu sein. Überliefert ist, dass für hölzerne Großbauten ausschließlich Mondholz verwendet wurde. In wissenschaftlichen Studien konnte hingegen bisher nicht nachgewiesen werden, dass der Stand des Mondes beim Einschlag eine signifikante Auswirkung auf die Holzqualität hat. Die hervorragenden Eigenschaften des Mondholzes sind vermutlich in der behutsamen Verarbeitung zu suchen. Durch den Einschlag im Winter befinden sich kaum Baumsäfte im Holz, und durch die längere Lagerung vor der Verarbeitung wird das Holz weniger anfällig für Risse.

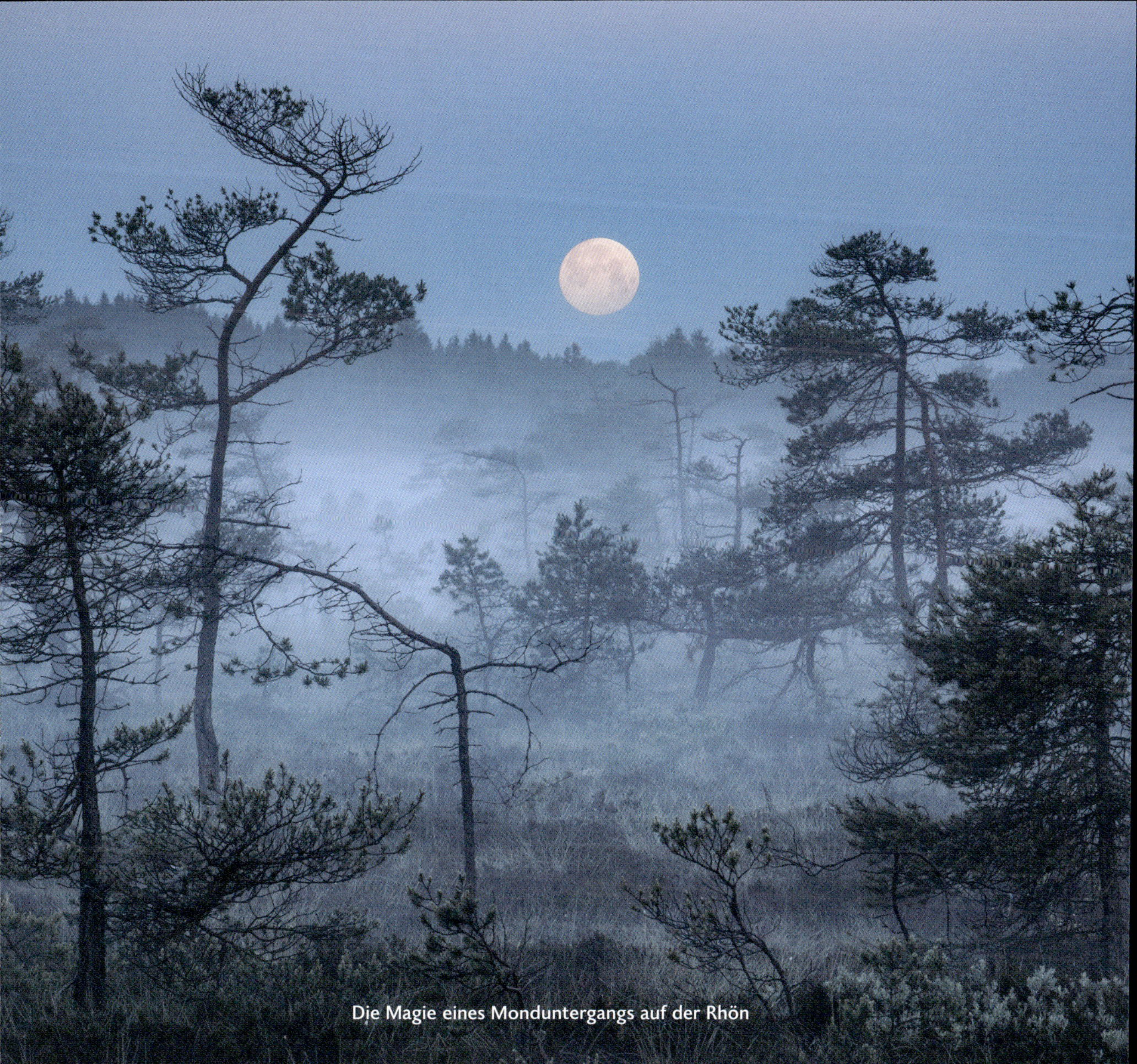

Die Magie eines Monduntergangs auf der Rhön

Auch für meine Fotografie spielt der Mond eine wichtige Rolle. Einige Zeit später beschloss ich, in die Rhön zurückzukehren – diesmal aber bei Vollmond. Die vulkanischen Kuppen riefen mich erneut. Eigentlich sollte ja der Mond der Hauptdarsteller in dieser Nacht sein, aber zunächst gab es überraschenderweise ein ganz anderes Himmelsschauspiel. Leuchtende Nachtwolken zeigten sich über dem nördlichen Horizont. Dabei handelt es sich um feinfaserige Strukturen aus Eiskristallen in großer Höhe, die in irisierenden Farben leuchten. Normale Wolken finden sich bis in dreizehn Kilometer Höhe, leuchtende Nachtwolken dagegen treten in deutlich größeren Höhenlagen um die achtzig Kilometer auf. Die Sonne steht im Sommer, besonders um die Sommersonnenwende, nachts flacher auf dem Horizont als im restlichen Jahr. Daher können die Eiskristalle leuchtender Nachtwolken noch von Sonnenstrahlen erreicht werden. Das Phänomen lässt sich besonders gut nahe des nördlichen Horizonts beobachten, mit Einsetzen der Dämmerung schwächt sich die Leuchtwirkung der Nachtwolken jedoch sukzessive ab.

Vor lauter Augen für die Nachtwolken hätte ich fast den Monduntergang verpasst. Als ich auf den Rhönhöhen ankam, war der Mond dem Horizont schon bedrohlich nahe. Und wer einmal versucht hat, den Mond mit einer Telebrennweite zu fotografieren, der weiß, dass der Mond ein Düsenjet ist. Sobald er im Sucher der Kamera auftaucht, ist er auch wieder aus dem Bildausschnitt hinausgewandert.

Über den moorigen Wiesen hatten sich flache Nebelfelder gebildet. Für einige Minuten dominierte noch das Mondlicht und tauchte Wald und Flur in magisches, silbernes Licht. Aber je mehr sich die Morgendämmerung durchsetzte, desto schwächer wurde der Einfluss des Mondlichts. Es gab einen kurzen Moment, in der mein Schatten sowohl vom Mond in die eine Richtung als auch – jedoch deutlich gestreuter – vom Dämmerungslicht in die andere geworfen wurde. Diese ungewöhnliche Lichtstimmung durch zwei natürliche Lichtquellen schätze ich in der Landschaftsfotografie sehr.

Aber ich wollte den Vollmond knapp über dem Horizont mit passender Bildkomposition erwischen. Ein Wettlauf gegen die Zeit begann. Die leuchtende Scheibe berührte bereits die ersten Baumkronen. In Windeseile musste ich eine geeignete Aufnahmeposition finden, um gleichzeitig Monduntergang, Nebel und den lichten Moorwald festzuhalten. Wenige Sekunden später, und der ganze Aufwand wäre umsonst gewesen. Aber zum Glück klappte dann doch noch das ein oder andere ansehnliche Bild.

Die Rhön hatte mir so zwei völlig unterschiedliche Nächte beschert, darunter mit einer Last-Minute-Produktion. Doch die beiden Abstecher in »das Land der offenen Fernen« hatten sich gelohnt. Durch die zusätzlichen Nachterfahrungen ermutigt, fühlte ich mich jetzt dazu bereit, eine Herausforderung anzugehen, eine nächtliche Flusswanderung in Ostbayern.

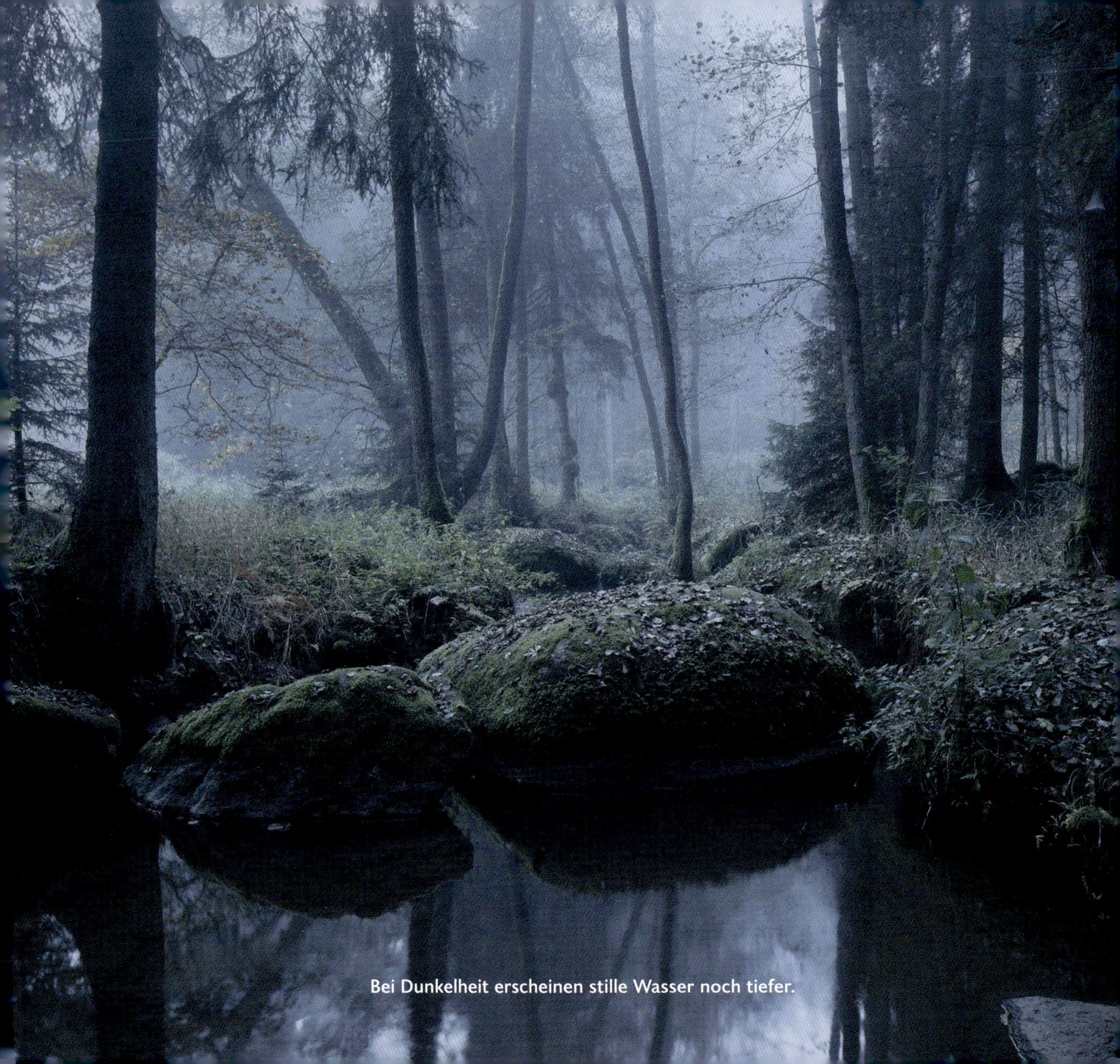

Bei Dunkelheit erscheinen stille Wasser noch tiefer.

Waldwasser

Oberpfälzer Wald (Bayern)

Für diese Tour musste natürlich die alte Landkarte, die ich bereits bei meinem ersten nächtlichen Ausflug dabeihatte, wieder mit von der Partie sein. Das Vertraute neu zu entdecken, war ja mein Einstieg in die Erkundung der nächtlichen Wälder gewesen. Der Oberpfälzer Wald war sozusagen das Herzstück meiner Naturerfahrungen. Bereits als Kind lernte ich dort die Zusammenhänge der Natur verstehen. Der Wald war mein Lehrer. Und ich sein experimentierfreudiger Schüler. Kindliche Neugierde kann jedoch unbewusst grausam sein. Ich habe kein Tier mit Absicht gequält, im Nachhinein war es aber wohl nicht in Ordnung, dass ich aktiv für eine intensive Bekanntschaft zwischen roten und schwarzen Ameisen sorgte. Freunde wollten die beiden Ameisenvölker keine werden. Aber so lernte ich, dass schon der kleinste Eingriff das fein austarierte Gleichgewicht der Natur in Schieflage bringen konnte. Danach betrachtete ich große und kleine Tiere nur mehr als stiller Beobachter. Da es damals noch keine Handys gab, musste ich mir meine Entdeckungen gut einprägen, um zu Hause in Bestimmungsbüchern Tier- und Pflanzenarten nachzuschlagen. Ziegenmelker, Frauenschuh, Schwarzstorch, Wald-Läusekraut, Mosaikjungfer, Waldvöglein. Die heimische Fauna und Flora wurde mir immer vertrauter. Den Wald bei Dunkelheit lernte ich Stück für Stück kennen. Bei Nachtspaziergängen erst an der schützenden Hand eines Elternteils, dann bei nächtlichen Joggingrunden und mehr und mehr auch bei gezielten Entdeckungstouren, die bis nach Einbruch der Dunkelheit dauerten.

Heutzutage macht mir der nächtliche Wald keine Angst mehr. Abgesehen von meinem Respekt vor Wildschweinen. Aber auch für mich war es ein langer Lernprozess, bis ich die Sicherheit des nächtlichen Waldes akzeptieren konnte. Daher verstehe ich durchaus, dass sich selbst viele Erwachsene in dunklen Wäldern unwohl fühlen. In Märchen, in Fantasy-Romanen bis hin zu den Filmen und Computerspielen der Gegenwart: Meist wird der Wald als Rückzugsort für das Unerklärliche und Unheimliche dargestellt. Wo im Märchen der Wald anfängt, liegt auch die Schwelle zum Reich der Magie. Hänsel und Gretel verlaufen sich im Wald und finden das Hexenhäuschen, Harry Potter trifft dort auf Spinnen, und im Horrorfilm *Blair Witch* ist er sowieso das Grauen pur. Aber letztlich werden so nur anachronistische Schreckensbilder weiterverbreitet. Mag der Wald früher tatsächlich ein Rückzugsort für finstere Gestalten oder gesellschaftlich Ausgestoßene gewesen sein, ein Fluchtort in Krisenzeiten, ein Versteck für Deserteure, mit der gegenwärtigen Realität hat das aber nichts mehr zu tun. Hierzulande mag es eine Handvoll Waldmenschen geben, die dem Leben in der Zivilisation entsagt und sich in die Natur zurückgezogen haben (Landschaftsfotografen sind damit nicht gemeint), aber ich erlebe den nächtlichen Wald fast immer menschenleer. Falls nicht gerade Jagdsaison ist. Ein spezieller Fall sind die Grenzregionen, da fallen dem geschulten Blick schon hin und wieder Spuren verdächtiger nächtlicher Aktivitäten auf. Aber eigentlich kann man sich in Mitteleuropa nachts im Wald fernab der Zivilisation sehr sicher fühlen.

Zumindest fühle ich mich bei jeder Nachtwanderung im Wald deutlich wohler, als wenn ich um drei Uhr morgens allein durch den Kölner Grüngürtel laufe. Vielleicht sind gerade die Helligkeitswechsel zwischen Schatten und künstlich erleuchteten Bereichen in urbanen Grünanlagen das Problem. Das Auge kann sich nicht an die Dunkelheit gewöhnen, sodass im Schatten alles förmlich verschluckt wird. Besonders hier färbt das archetypische Bild des dunklen Waldes als unheimlichen Orts ab. Während der Arbeit an diesem Buch wurde ich selbst ein Gewaltopfer im nächtlichen urbanen Zwielicht. Die Täter, die mich niedergeschlagen und getreten haben, konnte ich aufgrund der Dunkelheit nicht identifizieren.

Natürlicher Wald bedeutet für mich dagegen Geborgenheit. Das nächtliche Waldbaden musste ich aber erst für mich entdecken. Zwar führten mich schon früher ausgedehnte Streifzüge querwaldein durch den heimatlichen Oberpfälzer Wald. Aber dass ich teilweise erst nach Einbruch der Dämmerung wieder aus dem Wald fand, war damals noch ungeplant. Meist war ich auf der Suche nach Pilzen gewesen und verlor mich bei entsprechendem Sammlerglück im Unterholz, bis ich nichts mehr sehen konnte. Denn selbst im Zwielicht zeichnen sich die leuchtend gelben Pfifferlinge noch sehr gut von der Umgebung ab.

Da ich vom Pilzesammeln also schon einige Dämmerungserfahrungen in den lokalen Wäldern hatte, startete ich die nächtliche Flusswanderung in der Nähe der heimischen Sammelplätze. Der Fluss Pfreimd sollte mich auf meiner Route begleiten. Zu meiner üblichen Ausrüstung kamen noch ein Pilzmesser und ein kleiner, verschließbarer Eimer. Jäger und Sammler zugleich wollte ich sein.

Am frühen Abend erreichte ich das Pfreimdtal. Die Sonne kroch flach über die Kornfelder auf den umliegenden Anhöhen, gleichzeitig wanderten aus dem Talgrund bereits die Schatten immer weiter die Hänge hinauf. Mit suchendem Blick betrat ich den Wald und wurde schon nach wenigen Metern fündig. Pfifferlinge. Ein paar Schritte weiter warteten die nächsten Exemplare. So lockten mich die kleinen Pilze immer tiefer in den Wald hinein. Hänsel ohne Gretel. Beim Sammeln ließ ich mich ohne konkretes Ziel durch einen mit Birken durchbrochenen Fichtenforst treiben. Fichtenmonokulturen sind Pfifferlingsland. Nur das Licht der langsam untergehenden Sonne in den Baumwipfeln ermöglichte es mir, grob die Himmelsrichtung zu schätzen.

Beim Pilzesammeln verfolgte ich eine Strategie: einfach so lange durch den Wald laufen, bis ich auf einen Weg oder eine Kreuzung treffe. Klappte auch diesmal wieder, auch wenn sich die Landschaft über die Jahre hinweg stark verändert hatte. Klar, ich hätte auch auf ein GPS-Gerät zurückgreifen können, aber das hätte den Reiz des Umherschweifens im abendlichen Pilzwald doch erheblich geschmälert. Pilzesammeln ist Meditation. Gelebter Minimalismus ohne technische Gadgets.

Im nächsten Augenblick erinnerte die Pilzjagd dann aber an ein Survival-Training. Ich kämpfte mich durch stockfinsteres Unterholz, stolperte über Gräben und morsche Baumleichen. Fichtenzweige zerkratzten mein Gesicht. Die Augen halfen nur noch bedingt, es ging immer der Nase nach, von einem Pilzfleck zum nächsten, gleich einem menschgewordenen Trüffelschwein. Aber irgendwann hatte die Dunkelheit den Wald vollständig erobert, und ich orientierte mich an einem normalen Forstweg. Genug Pfifferlinge für heute, ich verschloss den Eimer und verstaute ihn im Rucksack.

Die Nacht brach jetzt schnell herein. Aber selbst bei absoluter Dunkelheit hätte ich noch einen bestimmten Pilz sammeln können: den Hallimasch. Ein seltsamer Name für einen noch merkwürdigeren Pilz. Hallimasche wachsen in Büscheln auf Holz und tragen einen braunen bis honiggelben Hut, der ebenso wie der gekrümmte Stil mit kleinen dunklen Schüppchen bedeckt ist. Der Pilz gilt als Speisepilz, ist im rohen Zustand aber ungenießbar und kann nur gekocht gegessen werden, weshalb er kaum gesammelt wird. Der Hallimasch fasziniert aus einem anderen Grund: Er gehört zu den biolumineszenten Pilzen. Teile von ihm leuchten also nachts. Das Leuchten entsteht durch die chemische Reaktion des Naturstoffs Luciferin mit dem Enzym Luciferase. Unter Einwirkung von Sauerstoff kommt es so zum kalten Leuchten. Wobei man besser von einem sanften Glimmen als von einem Leuchten sprechen sollte. Denn nur das Myzel, also das fadenartige im Holz oder unterirdisch wachsende Geflecht der Pilze, leuchtet beim Hallimasch. Wirklich ein bemerkenswerter Pilz, der als Baumschädling von der Forstwirtschaft gefürchtet wird. In den USA, im Malheur National Forest in Oregon, wurde im Jahr 2000 ein gigantischer Hallimasch als Verursacher für ein bedrohliches Waldsterben entdeckt. Sein Myzel erstreckte sich über neun Quadratkilometer und wog bei einem Alter von 2400 Jahren circa 600 Tonnen. Damit hätte man vielleicht auch eine kleine Wohnung ausleuchten können. Wer weiß, welch riesige Myzel-Netzwerke im Boden unserer Wälder noch versteckt sind? Die niedlichen Fruchtkörper sind also nur die sprichwörtliche Spitze des Eisbergs, im ewigen Dunkel des Untergrundes wachsen Pilze zu gigantischen und sanft leuchtenden Lebensformen heran. Faszinierend.

Aber zur Wegfindung hätte das Myzelgeflecht des Hallimaschs auch nicht ausgereicht. Also war ich inzwischen mit Stirnlampe unterwegs. Endlich erreichte ich den Pfreimd. In der Dunkelheit lag das Wasser wie ein unergründliches schwarzes Band vor mir. Entlang des Uferpfads ging es weiter. Steinblöcke und Wurzeln erwiesen sich als Stolperfallen. Eigentlich kein Terrain für eine Nachtwanderung. Bedächtig setzte ich meine Schritte und gewöhnte mich an den anspruchsvollen Untergrund. Die gedimmte Stirnlampe ermöglichte es mir, Hindernisse im Schattenreich zu erkennen, ohne dass ich für die nächtliche Umgebung völlig blind wurde. Hier unten war die Zivilisation weit weg, mehrere Kilometer kreuzte der Weg keine öffentliche Straße.

Ich orientierte mich auch am Geräusch des Wassers, um einschätzen zu können, wo ich gerade unterwegs war. Da gab es das leise Murmeln der stillen Flussstrecken und lautes Rauschen, wenn das Wasser von Felsblöcken in ein enges Bett gezwungen wurde. Urwaldgleich bogen sich die Äste von Haselsträuchern und Schwarzerlen und

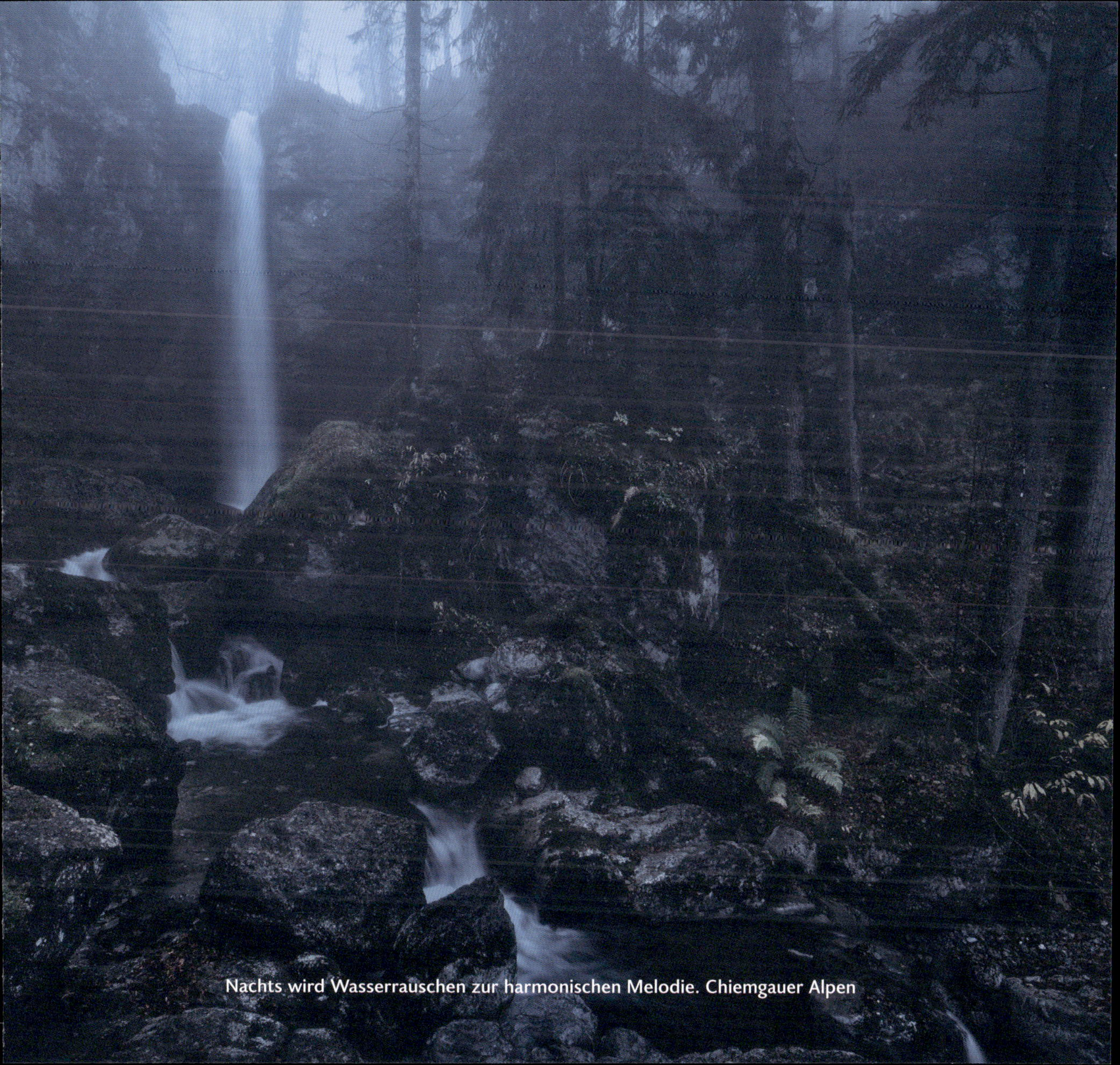

Nachts wird Wasserrauschen zur harmonischen Melodie. Chiemgauer Alpen

berührten fast die Oberfläche der Pfreimd. Musste ich mich mit den Händen abstützen, griff ich in feuchtes Moos. Es bedeckte Boden, Bäume und Felsen, so nass, dass der Übergang zwischen Moos und Wasser fließend erschien. Im Lichtkegel der Stirnlampe fand ein urtümliches Schattenspiel statt. Felsen und Bäume betraten die Bühne und tanzten mit jedem Schritt im zuckenden Lichtschein. Ein verwirrendes, aber auch inspirierendes Schwarzes Theater.

Streifte ich mit dem Kopf Zweige und Äste, fielen glitzernde Wassertropfen hinab ins dunkle Wasser. Der Fluss wirkte grundlos, obwohl ich wusste, dass ich ihn an den meisten Stellen problemlos hätte durchwaten können. Inzwischen war auch die schmale Sichel des Monds über den Baumwipfeln des Tals aufgetaucht und zauberte hier und da silberne Reflexe auf die Wasserstrudel. Der Lauf der Pfreimd wurde nun ruhiger, an einem Wehr kam der Fluss fast zum Stillstand. Im glatten schwarzen Spiegel verdoppelte sich der Mond. Das Wasser floss nur seicht über das Wehr und lud dazu ein, ins dunkle Nass hinauszulaufen. Ein sich in Dunkelheit auflösender Infinity Pool. Verlockend.

Ich zog Wanderstiefel und Socken aus und balancierte vorsichtig über die gut einen Meter breite Schwelle. Der Untergrund war glatt, schmierige Algen umspielten meine Zehen. Aber das kühle Wasser belebte auch die von der Enge der Schuhe befreiten Füße. Als ich die Mitte des Stauhindernisses erreicht hatte, verharrte ich und schaltete die Stirnlampe aus. Meine Augen sollten sich an die Dunkelheit gewöhnen. Immer mehr Details konnte ich im schwachen Mondlicht erkennen. Zuerst zeichneten sich die Baumkronen in einiger Entfernung vom Nachthimmel ab. Weitere Sterne kamen zum Vorschein. Der Duft von Springkraut und modrigem Holz lag in der Luft. Wie ich im Wasser stand, verlor sich mein Zeitgefühl.

Plötzlich ertönte im aufgestauten Fluss ein lautes Schnalzen, keine zwanzig Meter vor mir. Nächtliche Räuber lauerten unter der Oberfläche. In Bächen markieren Forellen das obere Ende der Nahrungskette, hier dagegen konnte es bereits Hechte oder Zander geben. Mit seinen großen Augen ist gerade Letzterer auf ein Leben in trüber Dunkelheit angepasst und geht gerne nachts auf Beutefang. Und wie bei Bäumen fragte ich mich: Schlafen Fische nachts?

Doch, es gibt durchaus Ruhephasen bei Fischen, für die sie sich in geschützte Bereiche zurückziehen. Da sie keine Augenlider haben, die sie beim Schlafen schließen könnten, erinnert ihre Schlafphase eher an eine Art Dämmerzustand. Ich stellte mir einen kleinen Weißfisch vor, der einschätzen muss, ob der kapitale Hecht vor ihm gerade schläft oder doch nur in aller Ruhe auf Beute wartet. In der Dunkelheit können Fische durch ihr spezifisches Seitenlinienorgan Bewegungen im umliegenden Wasser wahrnehmen – ein einzigartiger Ferntastsinn. Mit dem Wels kommt in den Stauseen entlang der Pfreimd sogar ein Fisch vor, der mit seinen fühlerartigen Barteln (Bartfäden) perfekt an das Leben in völliger Dunkelheit angepasst ist. Hierzulande wurden bereits Welse bis 2,50 Meter Länge und einem Gewicht von hundert Kilogramm gefangen. Nahe Dessau fand man 2016 eine skelettierte Menschenhand im Magen eines Welses. Zwar haben die bodenbewohnenden Fische keine Schneidezähne, aber trotzdem hatte die Entdeckung Fragen aufgeworfen. Aas steht durchaus auf dem Speiseplan dieser Fische. Bei dem Gedanken wurde mir eiskalt, und ein unangenehmes

Kribbeln breitete sich in meinen im Wasser stehenden Füßen aus. Ich schaltete die Stirnlampe wieder ein und leuchtete ins Wasser (was man eigentlich nicht machen sollte). Kein Killerwels. Auch vom Raubfisch, der zuvor die Wasseroberfläche durchbrochen hatte, keine Spur. Nur ein Schwarm Jungfische durchquerte den Lichtkegel. Bei schnellen Richtungswechseln der kleinen Schwimmer blitzten die Flanken silbern auf. Trotzdem hatte ich genug von nassen Füßen und sah zu, dass ich wieder an Land kam. Ich trocknete mich ab, schlüpfte zurück in die Wanderschuhe und folgte weiter dem Uferpfad.

Gerade die Steilhänge von Flusstälern bieten oft die schönsten Waldbilder. An Steilufern mit Blockschutt wurde Holz früher von Hand geschlagen. Für die modernen Forsttraktoren ist das Terrain dagegen nicht optimal. Je steiler der Hang, desto wilder ist daher heute der Wald. Das bekam ich bei meiner Nachtwanderung durchaus zu spüren, da ich im Dunklen über Baumstämme klettern musste oder unter sie durch. An einer schwierigen Stelle verloren meine Sohlen die Bodenhaftung, und ich rutschte auf allen vieren in Richtung Flusswasser. Hoffentlich ohne Schaden für die Pilze im Rucksack. Strampelnd konnte ich den Sturz im modrigen Laub stoppen und mit einer Hand einen Ast mit ausreichend Tragkraft für mein Körpergewicht greifen. Solche Rutschpartien gehören zum Waldwandern über Stock und Stein dazu, zum Glück hatte ich mich nicht ernsthaft verletzt. Aber man sollte vor einem solchen Abenteuer eine Notiz hinterlegen, damit jemand weiß, wo man unterwegs ist. Niemand würde mich hier unten hören, wenn ich schreie. Und auf einen guten Handyempfang sollte man sich nicht verlassen.

So spannend die urwüchsige Vegetation an naturnahen Flüssen ist, so riskant ist eine Begehung bei Nacht. Durch die hohe Luftfeuchtigkeit überzog ein nasser Film alle Oberflächen, und jeder Schritt wollte mit Bedacht gesetzt werden. Daher kam ich auch deutlich langsamer voran, als wenn ich tagsüber diese Strecke gegangen wäre.

Die Stunden vergingen, irgendwann erschien der erste graue Lichtschleier am Horizont und kündigte den nahen Morgen an. Die Aktivität der Fische nahm zu. Regelmäßig hörte ich ein Schnalzen auf der Wasseroberfläche, wenn sich ein Fisch ein Insekt schnappte. Das wirklich »große Fressen« findet aber jedes Jahr ein paar Kilometer weiter südlich statt. Die Pfreimd mündet in die Naab, an der es in bestimmten Sommernächten ein einzigartiges Schauspiel gibt: die Hochzeitsnacht der Eintagsfliegen. Die Larven der Insekten entwickeln sich bis zu drei Jahre im Schlamm am kühlen Gewässergrund. Sind die Bedingungen in einer lauen Sommernacht perfekt, schwimmen sie in der Dämmerung zur Oberfläche und häuten sich mehrmals, bis die Metamorphose zur erwachsenen Eintagsfliege abgeschlossen ist. Das passiert nicht bei hundert, nicht tausend, sondern Millionen von Larven gleichzeitig. Die Fische überfressen sich an diesem reich gedeckten Tisch, trotzdem ist die nächtliche Luft wie bei einem dichten Schneetreiben ein Meer von Fliegenwolken. Das Schwärmen dient nur einem einzigen Zweck: Sex. Die Paarung findet in der Luft statt. Für die Männchen ein kurzes

Vergnügen, denn nach dem Akt haben sie ihren Beitrag zur Arterhaltung geleistet und stürzen sterbend in den Fluss. Das Schicksal der Weibchen ist nur minimal milder: Über der Wasseroberfläche lassen sie noch die befruchteten Eier fallen und legen so den Grundstein für die nächste Invasion von Eintagsfliegen. Danach sterben auch sie. Dieses kurze intensive Leben in der Luft brachte dem Insekt seinen deutschen Namen bei. Eintagsfliege. Ein One-Night-Stand, und alles ist vorbei. Womit die Natur – und natürlich auch die Eintagsfliegen – nicht gerechnet haben, ist der Umstand, dass irgendwann der Mensch Brücken über die Flüsse bauen würde. Anstatt ins Wasser fallen so Millionen der sterbenden Fliegen auf die Fahrbahnen der Flussübergänge und bilden eine bis zu zehn Zentimeter hohe Schicht aus Insektenleichen. Für Fußgänger eklig, für Autofahrer kann der glitschige biologische Straßenbelag sogar zur Gefahr werden. Deswegen gibt es in diesen Nächten Feuerwehreinsätze, um die Brücken mit Schneeschaufeln für den Durchgangsverkehr freizuhalten.

Da war ich wirklich froh, dass ich mir meinen Weg entlang der Pfreimd nicht durch tote Eintagsfliegen bahnen musste. Denn zu meinem Glück betrifft dieses Schauspiel nur sehr wenige Nächte eines Jahres. Der Uferpfad bei Nacht war sowieso Herausforderung genug. Schließlich wurde der Steig aber zum breiten Fahrweg, und bei Sonnenaufgang erreichte ich wieder die Zivilisation. Flache Nebel wanderten über die von Tau triefenden Wiesen auf beiden Seiten des Flusses. Auch dieses Abenteuer hatte ich gemeistert. Eine halbe Stunde später stand ein umfangreiches Frühstück vor mir – ohne Eintagsfliegen.

Das war die zweite Nachttour vor meiner Haustür, diesmal in etwas anspruchsvollerem Terrain. Die nächste Exkursion führte mich in den Osten des Landes: nach Sachsen in die Lausitz.

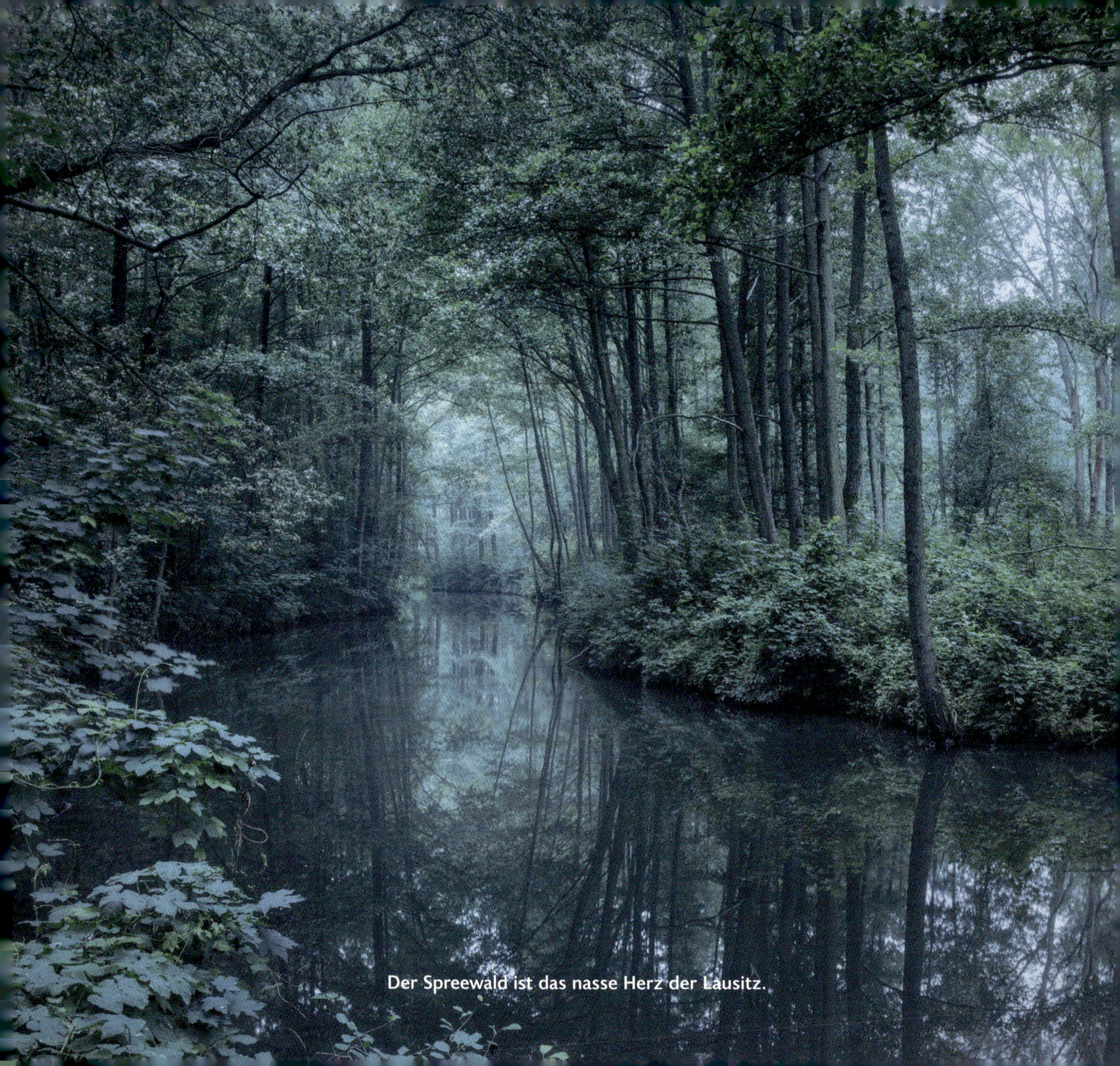

Der Spreewald ist das nasse Herz der Lausitz.

Krabatland

Oberlausitz (Sachsen)

Genauer gesagt ging es in die Oberlausitz rund um Hoyerswerda. Die Region stand schon lange auf meiner Liste. Der Name »Oberlausitz« könnte bekannt sein, da er in den Medien regelmäßig im Zusammenhang mit Braunkohletagebau und Kohleausstieg erwähnt wurde. Mich führte dagegen die Jagd nach Naturschätzen in den Osten Sachsens. Rund um das Naturschutzgebiet Dubringer Moor hatte ich eine Dämmerungswanderung auf dem Krabatweg geplant. Die Lausitz ist Krabatland. Das *Krabat*-Buch von Otfried Preußler hatte mich vor vielen Jahren in seinen Bann gezogen. Die Magie seiner Worte erinnerte mich an meine eigenen Walderlebnisse zwischen verwunschenen Ruinen und geheimnisvollen Schluchten. Und sie nährten auch den kindlichen Wunsch, dass an den Märchen und Sagen vielleicht doch ein wenig mehr dran sein könnte, als Erwachsene meinten. Also ich hätte mich mit der kleinen Hexe, dem kleinen Wassermann, dem kleinen Gespenst und vielleicht sogar Krabat damals sicher gut verstanden. Zu gerne wäre ich ein Teil dieser im Text wunderbar wiedergegebenen verzauberten Welten gewesen. Nur der Räuber Hotzenplotz konnte mir gestohlen bleiben. Noch immer stehen Preußlers Bücher in meinem Buchregal. Allein schon wegen der schönen Titelillustrationen. Daher war es klar, dass ich zunächst einen kurzen Stopp an der Krabat-Mühle anpeilen wollte. Sie befindet sich in Schwarzkollm und ist ein Kulturzentrum, das der Architektur der Schwarzen Mühle der Krabat-Sage nachempfunden ist.

Da das Gelände der Mühle durch ein besonderes Event an diesem Tag überlaufen war, erhaschte ich nur ein paar Blicke und fuhr wieder an den Rand des nur wenige Kilometer entfernten Dubringer Moors. Ich ging davon aus, dass ich dort besser auf den Spuren von Krabat wandeln konnte als zwischen den Menschenmassen. Krabat ist eine Figur aus dem Sagenschatz der in der Lausitz lebenden Sorben. Diese kleine slawische Volksgruppe hat sich bis heute eine gewisse sprachliche und kulturelle Eigenständigkeit bewahrt. Krabat selbst war ein sorbischer Junge, der in der Schwarzen Mühle als Gehilfe arbeiten wollte, sich aber nach und nach in die Kunst der schwarzen Magie verstrickte. Die Magie des Preußler-Buchs suchte ich nun in der Landschaft.

Bei Zeißholz startete ich meine abendliche Wanderung in Richtung Moor. Zunächst war der Weg wenig abwechslungsreich. Monotone Kiefernplantagen wurden von anderen Kiefernplantagen abgelöst, die wiederum in weiteren Kiefernplantagen mündeten. Ein endloser Stangenwald begleitete meine Wegstrecke. Nur hier und da boten kleine Gruppen von Birken mit dichtem Unterwuchs aus Farn Abwechslung für das Auge. Das Moor lag ein gutes Stück abseits von Straßen und Dörfern.

Ich unterquerte eine mächtige Hochspannungsleitung, die im Wald wie ein Fremdkörper wirkte. Vermutlich führte diese von einem der nahen Braunkohlekraftwerke zu den sächsischen Industriestandorten. Nach dem Schock durch Stahlmasten und Stromkabeln wirkte der Kiefernforst fast schon beruhigend auf mich. Im flacher werdenden Sonnenlicht tanzten jetzt Mückenschwärme. Vorboten des Moorgebiets. Meine Gedanken verloren sich, ich dachte über den Sagenstoff nach, über die Schwarze Schule in der Krabat-Mühle.

Auf einmal unterbrachen fremde Stimmen meine Abendträumerei. Sorbisch? Krabat kann in der Erzählung auf die Hilfe des Sorbenmädchens Kantorka vertrauen. Aus einem etwas zugewucherten Seitenweg kamen mir überraschenderweise vier Mädchen entgegen. Anhand der Halstücher identifizierte ich sie schnell als Pfadfinderinnen. Ein ungleiches Quartett. Vorneweg die augenscheinlich Älteste, ich schätzte sie auf dreizehn, vierzehn Jahre, schlank und einen Kopf größer als die Zweitgrößte, die sich auf einen als Wanderstock dienenden Ast stützte. Mit einem überdimensionalen blauen Barett auf dem Kopf war Nummer zwei von oben bis unten wie eine perfekte Pfadfinderin angezogen. Bis fast unten – denn abgesehen von der ansonsten stilechten Ausstattung steckten die Füße in zum Wandern völlig ungeeigneten Halbschühchen. So sah sie aus wie eine unvollständige Kopie von Suzy Bishop aus Wes Andersons Film *Moonrise Kingdom*. Die Pfadfinderinnen drei und vier waren jünger und hielten sich schüchtern im Hintergrund.

Die unpassenden Halbschuhe waren dann tatsächlich auch der Grund, warum die vier Mädchen mich ansprachen. Beziehungsweise eigentlich sprach nur die Größte.

Sie sagte mir, dass ihre an Suzy Bishop erinnernde Begleiterin mit dem ungeeigneten Schuhwerk nicht mehr in der Lage sei, richtig zu laufen. Ob ich ihnen nicht bei der Wegfindung helfen könne? Sie müssten an diesem Tag noch ein Freibad erreichen, in dessen Nähe sich ihr Zeltlager befände. Bei meiner Fahrt von der Mühle zum Moor war ich an einem entsprechenden Wegweiser vorbeigekommen, weshalb ich wusste, dass es bis zum Freibad durchaus noch einige Kilometer waren. Weil wir mitten im Wald standen, fragte ich nach einem Kompass.

Die Pfadfinderinnen, so erfuhr ich wiederum nur von der Ältesten, waren bereits mehrere Stunden unterwegs. Sie sollten eine größere Tagesdistanz als eine Art Prüfung zu Fuß durch den Wald zurücklegen, das Handy hatten sie nicht mitnehmen dürfen. Eine Karte hatten sie erhalten, einen Kompass aber nicht. Ein wenig fahrlässig von den Organisatoren, wie ich fand. Wie sollten sich die Mädchen in den monotonen Kieferwäldern orientieren? Also versuchte ich mir anhand der Karte auch ohne Kompass ein Bild zu machen, empfahl ihnen einen Weg und unterschlug dabei die Entfernung, da ich ihnen nicht die Motivation nehmen wollte. Etwas zögerlich bedankten sich die vier, so ganz schien ich sie nicht überzeugt zu haben, dennoch liefen sie los.

Ich wanderte auf anderen Wegen ebenfalls weiter und dachte über das weitere Schicksal der vier Pfadfinderinnen nach. Wie ich so überlegte, kamen mir Zweifel, ob ich den Weg wirklich eindeutig erklärt hatte. Die Entfernung wäre für vier gesunde Geherinnen schon anspruchsvoll gewesen, aber mit der angeschlagenen Barettträgerin im Schlepptau konnte das in der Dunkelheit brisant werden. Nachts allein im Wald oder die Pfadfinderinnen retten – wo sollte ich meine Priorität setzen? Da der Aufenthalt im Dämmerungswald nicht jedem so sehr ans Herz gewachsen sein musste wie mir, entschied ich mich für die Rettungsaktion.

Zunächst lief ich wieder zurück zum Auto, vorbei an Kiefern, Kiefern und noch mehr Kiefern. Normalerweise hatte ein Kraftfahrzeug auf diesen Waldwegen nichts verloren, aber da ich mir etwas Sorgen machte, gestattete ich mir selbst eine Ausnahme. Im abendlichen Zwielicht suchte ich meine Wanderstrecke und die Wege links und rechts nach den Pfadfinderinnen ab. Plötzlich standen sie vor mir im Scheinwerferlicht. Sie waren nicht in der Richtung unterwegs, die ich ihnen zuvor empfohlen hatte, sondern in der entgegengesetzten – und nur zu dritt. Oder doch nicht, in einigem Abstand folgte das Mädchen mit dem blauen Barett, mehr hinkend als gehend, immer noch auf den Ast gestützt. Ihre Gesichter wirkten erleichtert, als sie mein Auto sahen – und etwas weniger erleichtert, als ich ausstieg. Was ich verstehen konnte. Es musste ihnen schon ein wenig merkwürdig erschienen sein, wenn der Typ, dem sie vorher begegnet waren, auf einmal mit dem Auto auftauchte. Aber als sie merkten, dass ich ihnen helfen wollte, atmeten sie auf.

Das blaue Barett konnte gar nicht mehr laufen, und so war die ganze Gruppe nicht mehr vorangekommen. Ihr Plan war, sich zur nächsten Straße zu schleppen. Auch keine Erfolg versprechende Lösung. Daher wurde die Motorhaube meines Wagens kurzerhand zum Kartenlesetisch umfunktioniert, und ich machte auf der Landkarte die kürzeste Straßenverbindung zum Pfadfinderlager ausfindig. Obwohl es im Auto wegen meiner Ausrüstung ein wenig eng war, bot ich an, sie bis kurz vor das Wanderziel zu fahren. Vier Gesichter strahlten mich an. Also schuf ich notdürftig Platz.

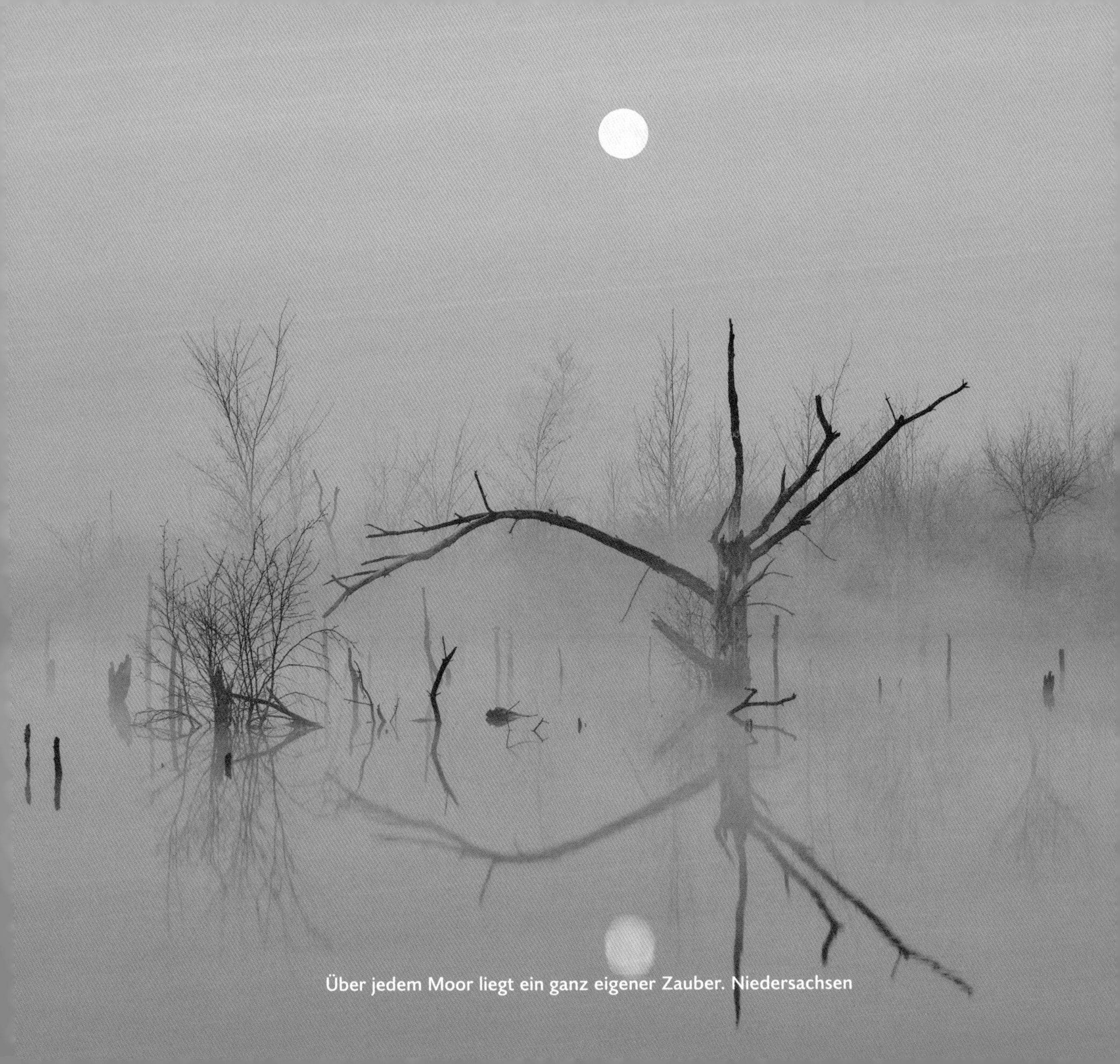

Über jedem Moor liegt ein ganz eigener Zauber. Niedersachsen

Die zwei jüngeren Mädchen und das lahme Barett auf die Rückbank, die gesprächige Wortführerin auf den Beifahrersitz. Auf schnellstem Weg sollte es nun aus dem Wald in Richtung Freibad gehen.

Kurz darauf entspannte sich auf der Rückbank eine lautstarke Diskussion in einer slawischen Sprache. Mein erster Gedanke: Das sind sorbische Pfadfinderinnen, die Oberlausitz ist ja Sorbenland. Vielleicht konnten drei von ihnen deswegen kaum Deutsch. Bei der Frage nach der Herkunft wurde ich aber überrascht. Die Wortführerin auf dem Beifahrersatz teilte mir mit, dass eigentlich nur sie einigermaßen Deutsch sprechen könne. Sie wären keine Sorbinnen, sondern Russinnen. Beziehungsweise in Deutschland und Frankreich lebende Russinnen. Ein Pfadfinderinnenlager für Auslandsrussinnen kam mir ja schon ein wenig seltsam vor. Noch merkwürdiger wurde es allerdings, als ich nach dem Grund für die Diskussion auf der Rückbank fragte. Die Beifahrerin erklärte mir, dass eines der Mädchen unbedingt noch mal zurückfahren möchte, weil sie die russische Flagge im Wald verloren hätte. Ich wunderte mich doch sehr. Andererseits musste ich still grinsen – vielleicht hätte man besser an adäquates Schuhwerk oder einen Kompass gedacht, statt die Nationalflagge einzupacken. Ich bat sie, den anderen zu übersetzen, dass wir auf keinen Fall zurück in den dunklen Wald fahren würden, um die russische Flagge zu suchen. Zwei der Mädchen auf der Rückbank schienen mir sofort zuzustimmen, und auch die hinkende Patriotin beruhigte sich wieder.

So fuhr ich das Quartett noch bis wenige Hundert Meter vor das Zeltlager und empfahl ihnen, einfach so zu tun, als wären sie die Strecke komplett gelaufen. Mir gefiel der Gedanke, so das Wertungssystem der Betreuer zu überlisten. Pfadfinderinnen ohne Kompass losschicken. Wieder schüttelte ich den Kopf. Die vier Mädchen bedankten sich und sprangen aus dem Auto.

Durch die Rettungsaktion hatte ich Zeit verloren, aber andererseits eine gute Tat vollbracht. Meine ursprünglichen nächtlichen Wanderpläne musste ich jetzt deutlich reduzieren. Also zurück zum Parkplatz und wieder rein in den dunklen Kiefernforst. Ein bisschen fühlte ich mich an Rainer Maria Rilkes Gedicht »Der Panther« erinnert – »...und hinter tausend Stäben keine Welt«. Nur dass es sich hier um Stämme und nicht um Stäbe handelte. Ansonsten: das Schwarz der Nacht. Aber zumindest waren die breiten Forstwege nachts unkompliziert zu laufen.

Im Licht der Stirnlampe gesellten sich mehr und mehr schwarz-weiße Stämme von Moorbirken zu den Kiefern. Ein Hinweis darauf, dass der Untergrund feuchter wurde und das Moor nicht mehr weit entfernt sein konnte. Schließlich verließ ich den breiten Forstweg auf einem Stichweg. Endlich entkam ich der monotonen Phalanx der Kiefern. Der Untergrund fühlte sich jetzt weich an. In der Dunkelheit nahm ich auch einen leicht modrigen Geruch wahr. Im Lichtkegel der Stirnlampe fiel mir auf, wie sich das Aussehen des Waldes auf den letzten Metern verändert hatte. Hohes Gras umspielte nun meine Beine, und ich schwamm geradezu durch ein Meer aus hüfthohen Farnblättern. Schließlich stand ich auf der freien Moorfläche. Eigentlich hatte ich Wasserflächen erwartet, aber wegen der Trockenheit der letzten Wochen waren die Tümpel offenbar ausgetrocknet.

Um die Natur nicht zu stören, schalte ich die Lampe aus. Auf einem alten Wegedamm ging ich vorsichtig am Rand des Moores entlang. Sein Kerngebiet befand sich einen Kilometer östlich von mir. Ein Naturparadies in einer Region, die an vielen Stellen vom Braunkohletagebau geprägt wurde. Als eines der größten Naturschutzgebiete Sachsens umfasst das Dubringer Moor heute mehr als siebzehn Quadratkilometer Fläche.

Ich setzte mich auf den Stamm einer umgestürzten Birke und blickte in die Moorlandschaft und hoch zum klaren Himmel. Völlig entrückt von der Alltagswelt, so fühlte ich mich. Minute um Minute lösten sich meine Gedanken vom Tagesgeschehen. Die Aufregung rund um die Pfadfinderinnen war vergessen. Kurz dachte ich an die Krabat-Sage. Hier, im dunklen Moor, war ich der Geschichte nahe. Der würzige Duft des Feuchtgebiets trug dazu bei. Ich weiß nicht mehr, wie lange ich dort saß. Zwischendurch lauschte ich immer wieder angestrengt in die Nacht. Hier und da hörte ich das Knacken eines Zweiges oder den Wind, der rauschend durch das Moorgras fuhr. Das Flattern nächtlicher Insekten. Aber mein Interesse galt besonderen Tieren: den Wölfen.

Die Oberlausitz ist Wolfsland. Auch im Dubringer Moor hatte sich ein Rudel angesiedelt. Ich vernahm ein Geräusch, das mich an Geheul erinnerte, aber wahrscheinlich war es doch nur das vom Wind verzerrte Bellen eines Hundes in der Entfernung. Hatten mich in der Dunkelheit neugierige Augenpaare beobachtet? Wer weiß.

In Deutschland leben inzwischen wieder rund 1300 Wölfe. Ihre Rückkehr ist – da scheiden sich zum Teil die Geister – eine Erfolgsgeschichte. Denn bereits im 18. Jahrhundert war der Wolf in weiten Teilen des Landes ausgerottet. Zwar kam es immer wieder zur Sichtung und Tötung von Einzeltieren, aber der Eurasische Wolf war aus seinem natürlichen Kernverbreitungsgebiet in Mitteleuropa verschwunden. Nach dem Ende des Ost-West-Konflikts fanden umherwandernde Einzeltiere vor allem auf den aufgelassenen Truppenübungsplätzen ein hervorragendes Biotop. Im Jahr 2000 gab es dann in der Lausitz erstmals wieder Wolfsnachwuchs. Seitdem wurde ein breiter Korridor entlang der Elbe bis zur holländischen Grenze von Wolfsrudeln besiedelt. Der Wolf führt aber auch immer wieder zu hitzigen Diskussionen. Am zielführendsten ist sicher der Versuch, zwischen den gemäßigten Positionen zu vermitteln und den betroffenen Landwirten und Hirten mit Ausgleichszahlungen unbürokratisch schnell zu helfen.

Die Rückkehr von Tierarten wie Wolf oder Fischotter bereichern die Fauna. Vielleicht kann sich so mittelfristig wieder ein natürliches Gleichgewicht einstellen, und die Eingriffe des Menschen könnten reduziert werden.

Habe ich nachts Angst vor Wölfen? Nein. Mensch und Raubtier kommen sich in Mitteleuropa nicht wirklich in die Quere. Es ist wahrscheinlicher, Lottomillionär zu werden, als von einem Wolf attackiert zu werden. Außerdem wäre ich in meinen Multifunktionsklamotten vermutlich wenig schmackhaft.

Die Wölfe im Dubringer Moor und anderswo ernähren sich überwiegend von Wildtieren – unter anderem Rehe, Rothirsche, Wildschweine. Es kommen aber auch Übergriffe auf Nutzvieh vor. Bei ihrem Jagdverhalten passen sich die Rudel den Beutetieren an. In unserer tagsüber intensiv genutzten Kulturlandschaft sind Säugetiere überwiegend nachtaktiv. Die Wölfe folgen ihrer Beute und gehen ebenso nachts auf die Jagd.

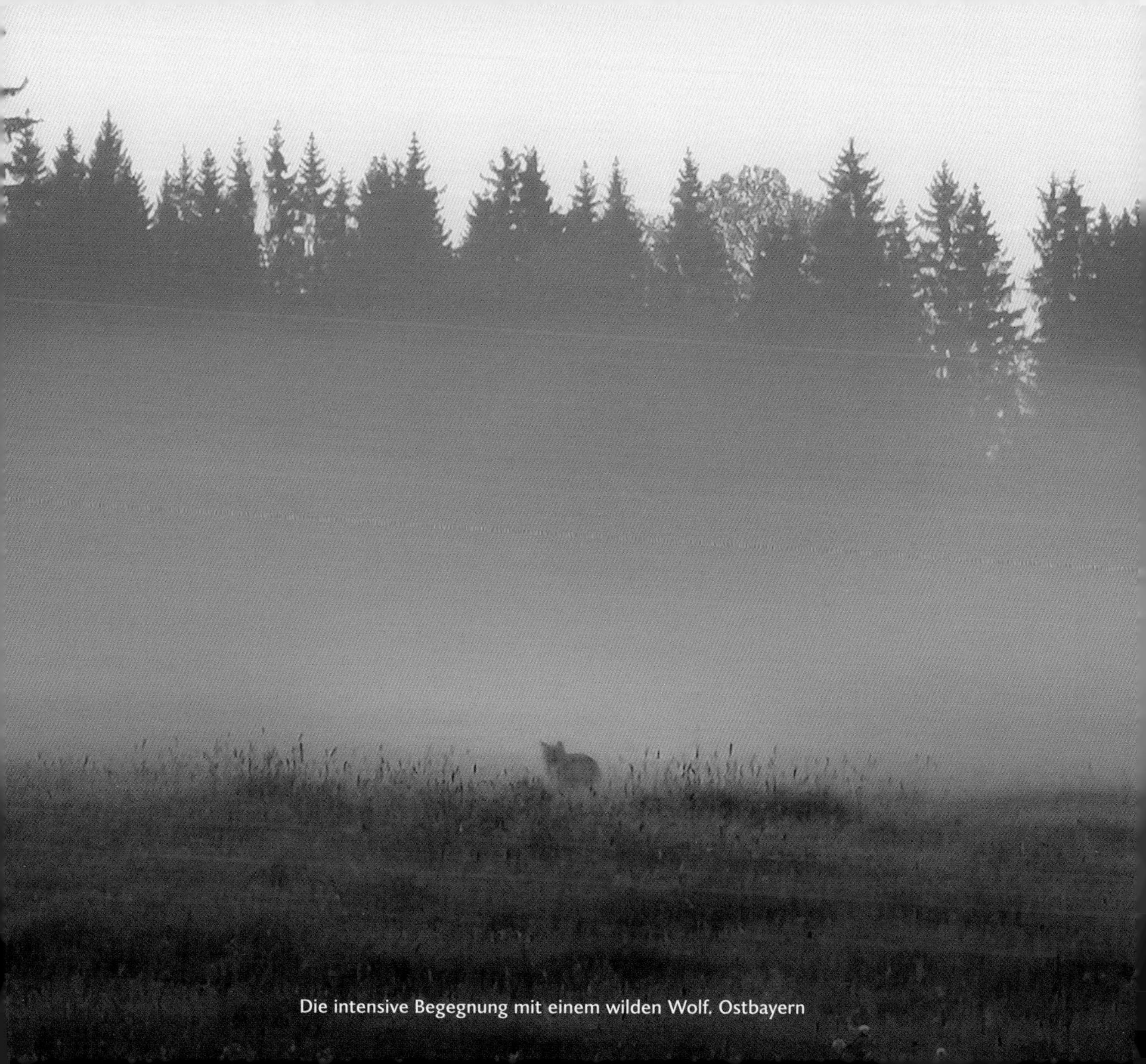

Die intensive Begegnung mit einem wilden Wolf. Ostbayern

Durch sein sehr gutes Gehör, einen hervorragenden Geruchssinn und das weite Sichtfeld der Augen ist der Wolf ein vortrefflicher Nachtjäger. Die feine Nase ist entscheidend für den Jagderfolg in der Dunkelheit: Wölfe können ihre Beute aus bis zu zwei Kilometern Entfernung wittern.

Ein bisschen froh war ich dann doch, dass während dieser Nacht im Dubringer Moor keine jagenden Wölfe in meiner unmittelbaren Nähe waren. Abseits vom Bergbaurevier erlebte ich die Lausitz hier im Moor als mystische und stille Landschaft. Irgendwann kehrte ich um und wanderte auf den mir bereits bekannten Pfaden zum Auto zurück.

Damals wusste ich noch nicht, dass sich mein Weg trotzdem mit der Spur eines wilden Wolfes kreuzen sollte. Als ich mit der Arbeit an diesem Buch eigentlich schon fertig war, bescherte mir der Zufall dieses besondere Erlebnis. Nicht in Sachsen, sondern im Osten Bayerns. Anfang Juni war ich unterwegs, um in der Dämmerung die in Nebel gehüllte Landschaft festzuhalten. Kamera und Stativ standen vor mir, als ich im Augenwinkel eine Bewegung wahrnahm. Über die weite Wiesenfläche in meinem Rücken lief ein größeres Tier. Aufgrund von Nebel und Entfernung sah ich nur die schemenhaften Umrisse. Zuerst dachte ich an eine Hirschkuh, die ich trotz aller Vorsicht durch meine Anwesenheit gestört hatte. Aber das Tier lief nicht wie ein Hirsch und flüchtete auch nicht, sondern kehrte auf die Wiese zurück. Scheinbar jagte es mit Fangsprüngen Beute hinterher - einige bodenbrütende Vögel flogen auf. Da an meiner Kamera noch ein Weitwinkelobjektiv montiert war, musste das Smartphone zur genaueren Identifizierung des Tiers herhalten. Beim Reinzoomen war mir schnell klar, dass ich einen Wolf beobachtete.

Ein leichter Schauer lief mir über den Rücken. Mehr aus Aufregung als aus Angst. Auf diese Begegnung war ich nicht vorbereitet. Auch wenn »Mensch« nicht wirklich auf dem Speiseplan von Isegrim steht, zog ich mir den Parka enger um den Hals. Etwas perplex beobachtete ich den grauen Jäger, der jetzt halb schräg in meine Richtung lief. In circa 250 Meter Entfernung strich der Wolf quer an mir vorbei. Ich ging hinter Fichten in Deckung und versuchte das lange Teleobjektiv an die Kamera zu montieren. Aber das Tier war schnell. Zumal an der Kamera noch der übliche »Waldmodus« eingestellt war mit manuellem Fokus und Zeitauslöser. Nicht gerade die Einstellungen, um ein laufendes Tier festzuhalten. Bevor der Wolf im Wald verschwand, gelang mir doch noch eine Aufnahme – zwar etwas verdeckt, aber ein Dokument dieses außergewöhnlichen Erlebnisses. Solch überraschende Begegnungen mit der wilden Natur gehören zu den wertvollsten Momenten in all den Jahren hinter der Kamera.

Neben dem Wolf ist noch ein weiterer großer Beutegreifer wieder in unseren Wäldern heimisch geworden: der Luchs. Mit dem Wolf teilt er das Schicksal, nicht überall willkommen zu sein.

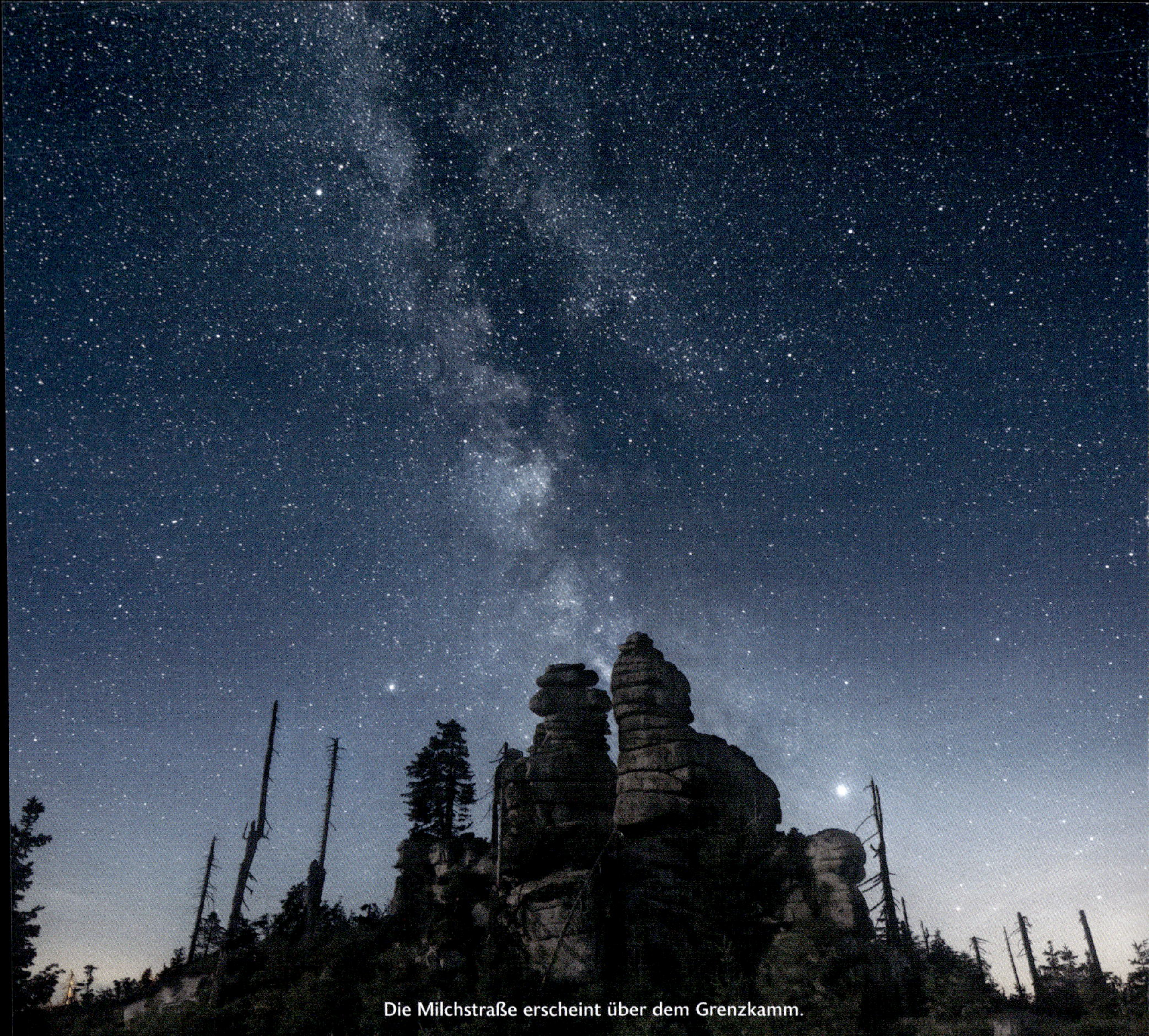

Die Milchstraße erscheint über dem Grenzkamm.

Die Bedrohung der Waldgeister

Bayerischer Wald (Bayern)

Der Bayerische Wald ist nach dem Oberpfälzer Wald die Region, in der ich mich am besten auskenne. Wobei – vielleicht ist die Reihenfolge auch umgekehrt. Denn im Bayerischen Wald habe ich sehr viel Zeit verbracht. Wochenlang habe ich auf der Suche nach Motiven über Landkarten gebrütet und Bücher gewälzt. Die bekanntesten Tierarten des Nationalparks Bayerischer Wald sind der Luchs – und der Borkenkäfer. Die Hinterlassenschaften des Käfers kann man kaum übersehen, abgestorbene Wälder gehören zum Nationalpark dazu. Einen Luchs in freier Wildbahn zu beobachten, war mir leider noch nicht vergönnt. Immerhin konnte ich seine Fußabdrücke schon mehrmals im Schnee feststellen. Klar, es wäre leicht, ins Tierfreigelände bei Neuschönau oder ins Haus zur Wildnis nahe Lindberg zu gehen, um die Tiere in ihren großzügigen Gehegen zu beobachten. Aber in freier Wildbahn wäre es schon etwas anderes …

Der Bayerische Wald bildet zusammen mit dem Böhmerwald (in Tschechien in weiten Teilen geschützt als Šumava Nationalpark) das größte zusammenhängende Waldgebiet Mitteleuropas. Dass der Luchs heute überhaupt wieder entlang der Grenze von Deutschland und Tschechien vorkommt, ist ein Meilenstein. Nachdem die Raubkatze vor ungefähr 150 Jahren ausgerottet war, gab es in der zweiten Hälfte des letzten Jahrhunderts ein erfolgreiches Wiederansiedlungsprogramm. Der Luchs gleicht einem Waldgeist. Nur wenige Menschen haben die während der Dämmerung und Nacht aktiven Räuber je gesehen. Schade, denn mit seinen Pinselohren ist der Luchs eine Ausnahmeerscheinung unserer Säugetierfauna. Im Grenzgebiet von Deutschland, Tschechien und Österreich geht man heute von 110 Tieren aus. Auf meinen ersten wilden Luchs warte ich also noch.

Für Tierarten wie Luchse sind Großschutzgebiete wichtig, um sich selbst erhaltende Populationen aufzubauen. Je größer das Tier, desto größer muss auch das Revier sein. Bei Luchsen liegt die Reviergröße im Schnitt bei hundert Quadratkilometern. Wobei Männchen deutlich größere Gebiete durchstreifen, die zum Teil zu den Revieren verschiedener Weibchen gehören. Dabei halten sich die Tiere natürlich nicht an die offiziellen Außengrenzen der Schutzgebiete. Daher droht dem streng geschützten Luchs trotz der Weitläufigkeit der Wälder Gefahr. Durch den Straßenverkehr, aber auch durch Wilderei. Auf bayerischer Seite verschwinden jedes Jahr Luchse scheinbar spurlos. Die Todesfälle sind keine zufälligen Abschüsse, sondern das Resultat von geplanter Wilderei samt dem Auslegen von Ködern und Fallen. Die Motivation hinter den Tötungen: Einige Jäger sehen in ihnen eine Konkurrenz, es gibt aber auch ganz generell eine ablehnende Haltung gegenüber den Zielen von Nationalpark und Naturschutz. Ein Fall machte Schlagzeilen, bei dem den gewilderten Raubkatzen die Pfoten abgetrennt wurden, um sie dann absichtlich an öffentlich frequentierten Orten zu präsentieren. Diese besonders perfide Form von Wilderei kam vor Gericht. Auch heute ist immer noch der Mensch der größte Feind des Luchses.

Ich selbst musste einmal erfahren, wie ablehnend, aber auch aggressiv ein Mensch beim Thema Luchs werden konnte. Vor einigen Jahren war ich in den Abendstunden nahe Lohberg am Großen Arber mit der Kamera unterwegs gewesen und versuchte mit einem Teleobjektiv die Landschaft des Lamer Winkels im Dämmerlicht festzuhalten. Plötzlich ein lauter Knall. Als wäre unmittelbar in meiner Nähe geschossen worden. Im ersten Moment konnte ich nicht abschätzen, ob der Schuss nicht sogar als Warnschuss in meine Richtung abgegeben worden war. Da ich schon einige Zeit am Waldrand unterwegs war, dürften alle Wildtiere bereits Reißaus genommen haben. Völlig perplex suchte ich die Landschaft nach Hochsitzen ab. Aber ich musste gar nicht lange nach ihnen Ausschau halten, denn schon marschierte ein Jäger in voller Montur samt Gewehr und ob seiner Wut laut schnaufend auf mich zu. Ich war noch durch den Schuss verunsichert und fühlte mich nicht wohl in meiner Haut. Bislang war ich selten mit Waidmännern in Konflikt geraten. Hatte ich irgendwo den Wagen eines Jägers am Waldrand bemerkt, hatte ich mir jedes Mal ein anderes Fotomotiv gesucht. Aber damals kam der Konflikt direkt auf mich zu.

Der Mann baute sich vor mir auf, der Kopf tiefrot, der Geruch von Jägertee stieg mir in die Nase. Ich dachte gerade noch, ein Betrunkener mit Schusswaffe, na bravo, da ging es auch schon los. Ob ich so ein Tierfreund wäre, ein Freund von Wolf und Luchs, die am besten erschossen gehören. Als Fremder hätte ich hier im »Woid« nix zu suchen. Mit seinem Bauch schubste mich der Mann einen Schritt zurück. Ich war wirklich eingeschüchtert und versuchte, die Lage zu deeskalieren. Nach einiger Zeit ließ der Jäger tatsächlich von mir ab und stapfte fluchend davon.

Völlig verwirrt blieb ich zurück, auf so eine aggressive Situation war ich nicht vorbereitet. Was sollte ich machen? Ihn anzeigen? Aussage hätte gegen Aussage gestanden – und wer kennt schon die Verflechtungen in den abgelegenen Winkeln des Bayerischen Waldes. Seitdem wünsche ich mir mehr Kontrollen durch die Polizei, gerade hinsichtlich des Alkoholgenusses beim Tragen einer schussbereiten Waffe. Bei so etwas endet für mich die Jagdromantik ganz schnell. Meistens komme ich mit Jägern und Forstleuten gut aus, man tauscht sich aus. Doch der Hass dieses Mannes hat mich ein Stück weit desillusioniert. Den Ort des Geschehens habe ich seitdem gemieden.

Aber zum Glück ist der Bayerische Wald groß genug. Im Oktober mietete ich mich für mein neues Vorhaben in einer Ferienwohnung an der Nationalparkgrenze ein. Die Vermieterin war von meiner Anfrage, ob ich die Wohnung auch nur tagsüber nützen könnte, etwas verwirrt. Ich versicherte ihr, dass ich Fotograf sei und nicht auf der Suche nach einem Stundenhotel. Schließlich willigte sie ein, und ich hatte eine Möglichkeit, tagsüber Schlaf nachzuholen. Den Komfort eines Betts für einen ausgedehnten Mittagsschlaf darf man bei meinem Nacht-Tag-Rhythmus nicht unterschätzen. Also bezog ich das Pensionszimmer am Vormittag, verschlief die Mittagsstunden und auch den Nachmittag, um Kräfte zu sammeln für eine längere Wanderung, die in der nächsten Nacht vor mir lag. Bis zur Morgendämmerung wollte ich einen der bemerkenswertesten Mittelgebirgsgipfel des Bayerischen Walds, ja ganz Deutschlands erreicht haben.

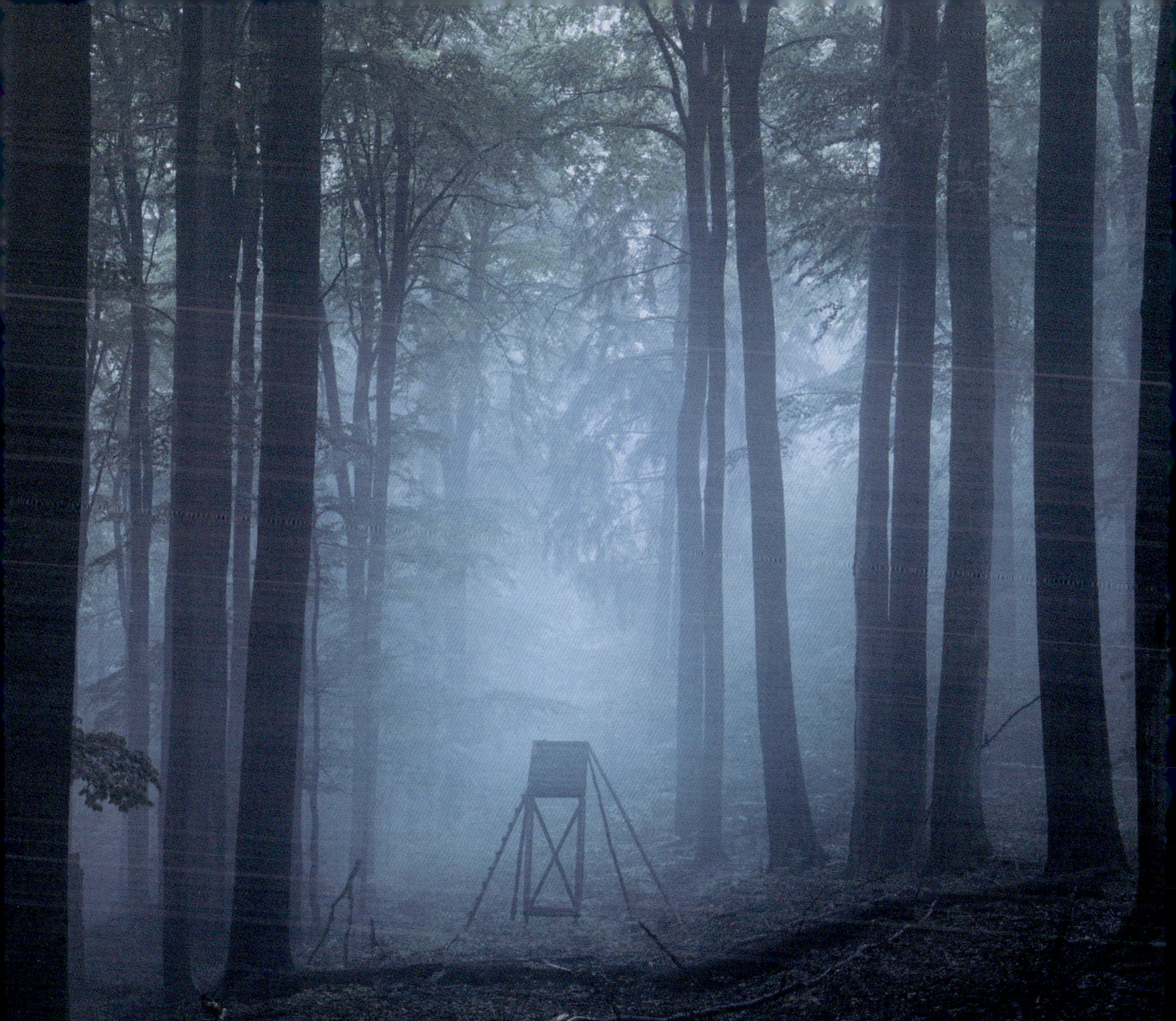

Verwaister Hochsitz – ungefährdeter Nachtwanderer, Vogelsberg

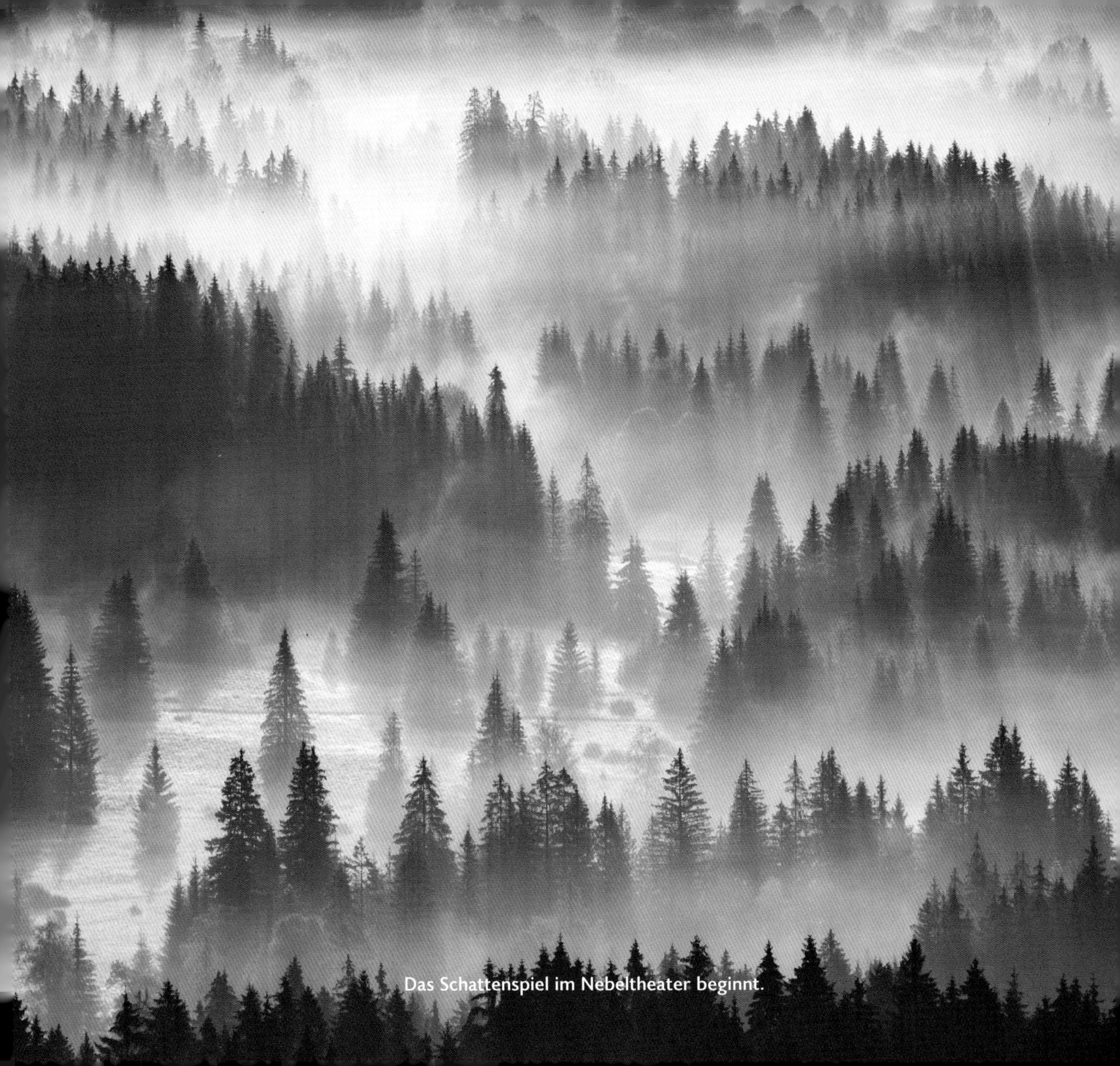

Das Schattenspiel im Nebeltheater beginnt.

Nebeldämmerung

Bayerischer Wald (Bayern)

Ich schaute auf das Handy. 18:43 Uhr. Eine Stunde vor Sonnenuntergang, ich hatte den Wecker gestellt. Zunächst brauchte ich ein paar Sekunden, um zu realisieren, wo ich überhaupt war. Tapeten mit Blumendekor, ein Röhrenfernseher, ein kleiner Tisch mit Stuhl. Die Farben Braun, Rostrot und Beige dominierten. Jetzt erinnerte ich mich: Ich hatte mich in einer kleinen Pension im Bayerischen Wald eingemietet. Ich griff nach der Halbliterflasche Wasser, die auf dem Tisch stand – es schmeckte anders als das Wasser aus den Quellen am Wegesrand. Künstlicher, vielleicht auch tot. Beiläufig las ich die klein gedruckten Informationen auf der Flasche. Der Quellort lag in Italien. Tatsächlich, es schmeckte ein bisschen wie das Wasser, das früher bei Schulfreunden in blauen Kunststoffflaschen herumgestanden hatte, nachdem sie vom Strandurlaub in Bibione zurückgekehrt waren. Damals faszinierten mich die blauen Plastikflaschen, für mich war es ein Sehnsuchtsblau. Meine familiären Urlaubserfahrungen beschränkten sich auf Wald und Berge, mehr Berge und noch mehr Wälder. Aber kein Meer. Ich dachte, dass das Meer so schmecken müsste wie das Wasser aus den italienischen Flaschen – oder zumindest genauso blau wäre. Jahre später stellte ich fest, dass beides nicht stimmte. Heute ist das Meer voll mit Plastik, und meine Sehnsuchtslandschaften sind Wälder und Berge geblieben.

Der Bayerische Wald wurde wieder interessant für mich, denn er war eine Art »Grenzerfahrung«, nicht nur real durch den Verlauf der Grenze zwischen Deutschland und Tschechien, sondern auch wegen seiner Einsamkeit. Das anachronistische Pensionszimmer gehörte dazu.

Aber nun war es an der Zeit, sich auf den Weg zu machen. Ich nahm noch einen großen Schluck vom Bibione-Gedächtnis-Wasser und verließ mein … Gemach. Über eine alpinsteile Holztreppe ging es ins Erdgeschoss. Ich klopfte an einer mit großen Buchstaben als »privat« gekennzeichneten Tür. Die Gastgeberin öffnete und musterte mich. Im Hintergrund lief ein riesiger Fernseher. Sie erkundigte sich danach, ob ich jetzt am Abend wirklich noch mal loswollte, ich hätte doch erst ein paar Stunden geschlafen, und nachts wäre es gefährlich im Wald. Ich entgegne ihr, dass ich den nächtlichen Wald für einen ziemlich sicheren Ort halten würde. Die Frau murmelte etwas und blickte zum Fernseher. *Rosenheim-Cops*. Ein barock anmutender Wachtmeister griff nach einem Glas Weißbier. Es war klar, dass sie ihre Ansichten nicht durch einen verrückten Nachtwanderer beeinflussen lassen würde. Ich verabschiedete mich und verließ die Pension durch die Haustür. Dabei wurde ich das Gefühl nicht los, dass mir jemand kopfschüttelnd hinterherschaute.

Eine schmale Straße führte mich aus dem Dorf in Richtung Wald, die Häuser duckten sich in die hügelige Landschaft und verschwanden schließlich. Auf einem schmalen Weg tauchte ich in den Wald ein. Tagsüber schien es ein Gewitter gegeben zu haben, denn hier und da fanden sich Pfützen entlang des Pfads. Am Horizont blockierte ein breites Wolkenband die Sicht auf den Sonnenuntergang. Vermutlich die letzten Reste der Gewitterfront. Der Weg war recht angenehm zu laufen, Schotter mit Grasnarben in der Mitte. Ein Klassiker der Wirtschaftswälder, und selbst bei Dämmerlicht kam ich flott voran.

Es wurde immer dunkler, und schließlich brach die Nacht herein. Ich verfiel in einen monotonen Laufrhythmus, ein Fuß vor den anderen, immer weiter. Solange es möglich war, verzichtete ich auf die Stirnlampe. Doch nachdem ich in die dritte Pfütze getreten war, wurde es Zeit für Kunstlicht. An Grashalmen glitzerten Tautropfen im Schein der Stirnlampe. Das sah jetzt schon nach Nebel aus. Nebel ist mystisch. Aber er ist auch eine launische Diva. Für meine Fotografie ist er ein essenzielles Stilmittel. Der Herbst ist die beste Jahreszeit für Nebelaufnahmen. Dann entstehen bei länger anhaltenden Hochdruckgebieten recht stabile Inversionswetterlagen: Nicht nur einzelne Täler versinken im Nebel, sondern weite Teile der Bundesrepublik, während höhere Berge wie Inseln aus einem schier endlosen weißen Meer herausragen. In den Alpen, aber auch im Erzgebirge, Schwarzwald und hier im Bayerischen Wald hat man eine gute Chance, über der Nebelobergrenze zu wandern. Hier locken Wärme und beste Fernsicht. Im Flachland dagegen sammelt sich die kalte Luft mit höherer Dichte. Die warme Luft liegt wegen der geringeren Dichte auf diesen Kaltluftseen auf. An der Temperaturgrenze zwischen den Luftmassen bildet sich durch Kondensation eine ausgedehnte Nebeldecke.

Auch während dieser Nachtwanderung rechnete ich mit Nebel. Die hohe Luftfeuchtigkeit nach dem Regen machte sich bereits als kühler Film auf meiner Haut bemerkbar. Recht eintönig führte mich eine Forststraße weiter durch dichten Fichtenwald. Obwohl mir der nächtliche Wald in der Zwischenzeit vertraut war, fand ich es immer noch unheimlich zu wissen, dass der Lichtschein der Lampe nur nach vorne für ein wenig Orientierung sorgte und direkt hinter meinem Rücken das endlose Schwarz begann.

Langsam wurde der Weg steiler, ich überquerte schmale Bäche, deren tiefschwarzes Wasser unwirklich erschien. Jetzt ging es auf einer auch als Radweg ausgewiesenen Waldstraße kilometerweit durch den Nationalpark Bayerischer Wald. Die Zeit verging ohne größere Ereignisse. Die Geheimnisse des Waldes blieben im Dunkel verborgen. Schließlich kam ich an einen Wegweiser zum »Wanderparkplatz Fredenbrücke«. Hier begann mein Aufstieg zum Lusen – einem der Charakterberge des Bayerischen Walds. Ich entschied mich für die Route entlang der Fahrstraße zum Dorf Waldhäuser. Der Name des Ortes war Programm: Viel Wald umgab einige Häuser. Andere Dörfer in der Nähe hießen Schwarzenthal oder Finsterau – als hätten sich die Ortsnamen meinem nächtlichen Waldabenteuer angepasst.

Es ging an holzverkleideten Häusern vorbei. Am Straßenrand standen Schilder, die auf Ferienwohnungen aufmerksam machten. Tagsüber musste das hier Bilderbuch-Bayern sein. Irgendwie hatte ich jedoch unterschätzt, wie lang sich der relativ kleine Ort am Berg hinzog. Schließlich erreichte ich doch den oberen Rand von Waldhäuser. 1000 Meter über dem Meeresspiegel. Höher als die höchsten Gipfel aller deutschen

Mittelgebirge, ausgenommen Schwarzwald, Erzgebirge, Harz, Schwäbische Alb und Fichtelgebirge. Im Bayerischen Wald erreichen manche Ortsteile sogar 1100 Meter Höhenlage. Noch höher liegt der Weiler Feldberg-Ort auf 1277 Metern im Schwarzwald, Deutschlands höchstgelegene ganzjährig bewohnte Ortschaft.

Am Ortsausgang von Waldhäuser machte sich endlich auch der erwartete Nebel bemerkbar. Langsam zog es zu. Unter den Straßenlaternen bildeten sich Lichtkegel im Dunst. Das Nebel-Glücksspiel begann also wieder einmal. Würde der Gipfel des Lusens vom Nebel frei bleiben?

Inzwischen war die Nacht auch schon ziemlich weit fortgeschritten. Die Morgendämmerung war nicht mehr fern. Den Anstieg auf der Teerstraße durch das Dorf spürte ich in den Waden, aber ich versuchte dennoch, ein wenig schneller zu gehen. Nebel ist für mich immer ein kleiner Adrenalinschub. Zur Dämmerung wollte ich schon in Gipfelnähe sein. Der Übergang von der Nacht zum Tag ist für mich magisch. Die Dämmerung ist unglaublich komplex und läuft in verschiedenen Phasen ab. Denn obwohl der eigentliche Tag erst mit Sonnenaufgang beginnt, wird es während der Dämmerung bereits zunehmend heller. Indirekte Lichtstreuung in der Atmosphäre sorgt für einen Helligkeitsgradienten am Himmel. Morgens wird es während der Dämmerung heller (abends natürlich dunkler). Zuerst folgt die astronomische Dämmerung auf die stockfinstere Nacht. Die zweite Phase nennt sich nautische Dämmerung, und der dritte, hellste Abschnitt vor Sonnenaufgang ist die bürgerliche Dämmerung.

Weil der Nachthimmel durch Lichtverschmutzung stark aufgehellt wird, unterscheidet sich die tatsächliche Nacht in Mitteleuropa nur in besonders dunklen Regionen

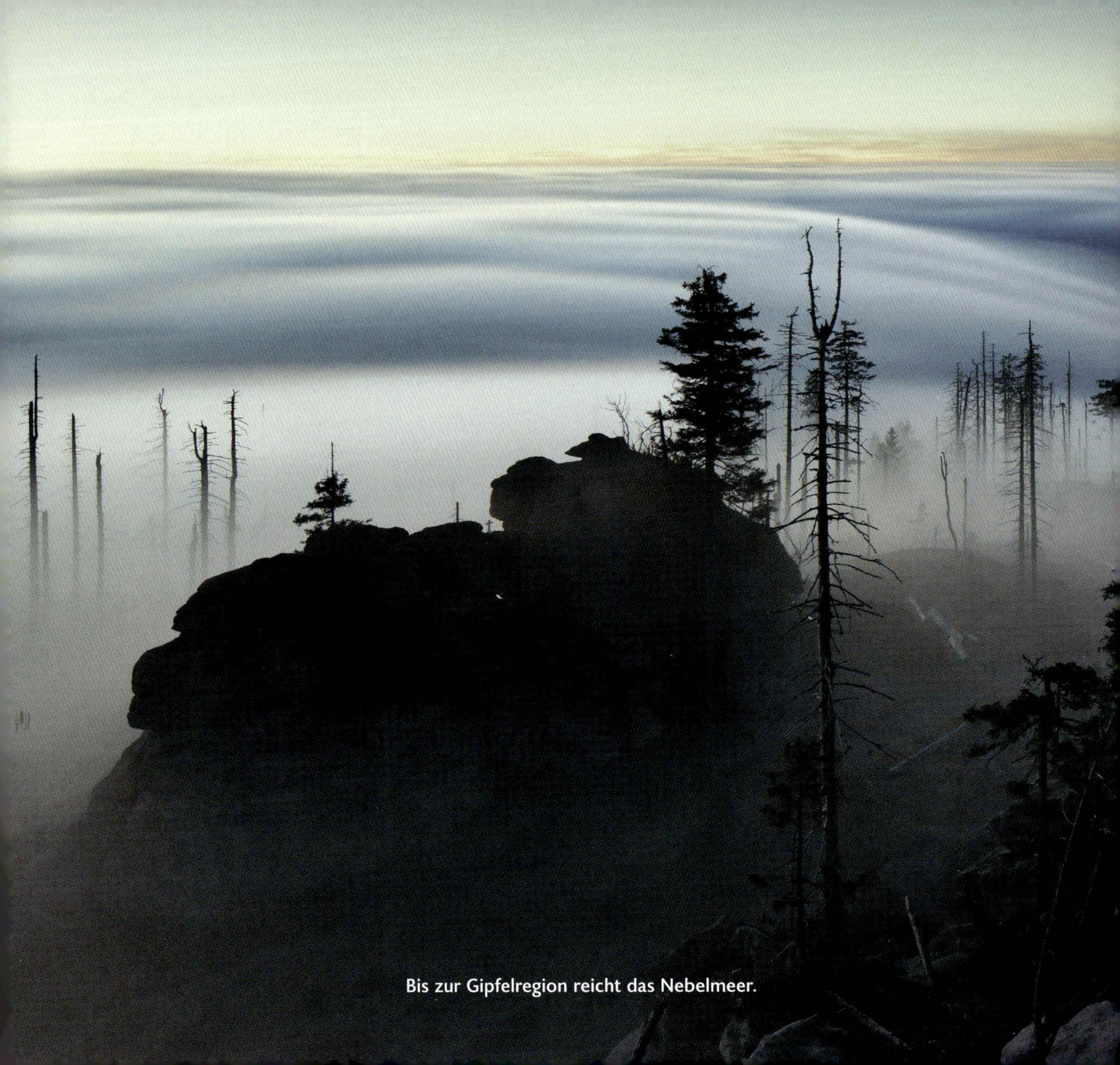

Bis zur Gipfelregion reicht das Nebelmeer.

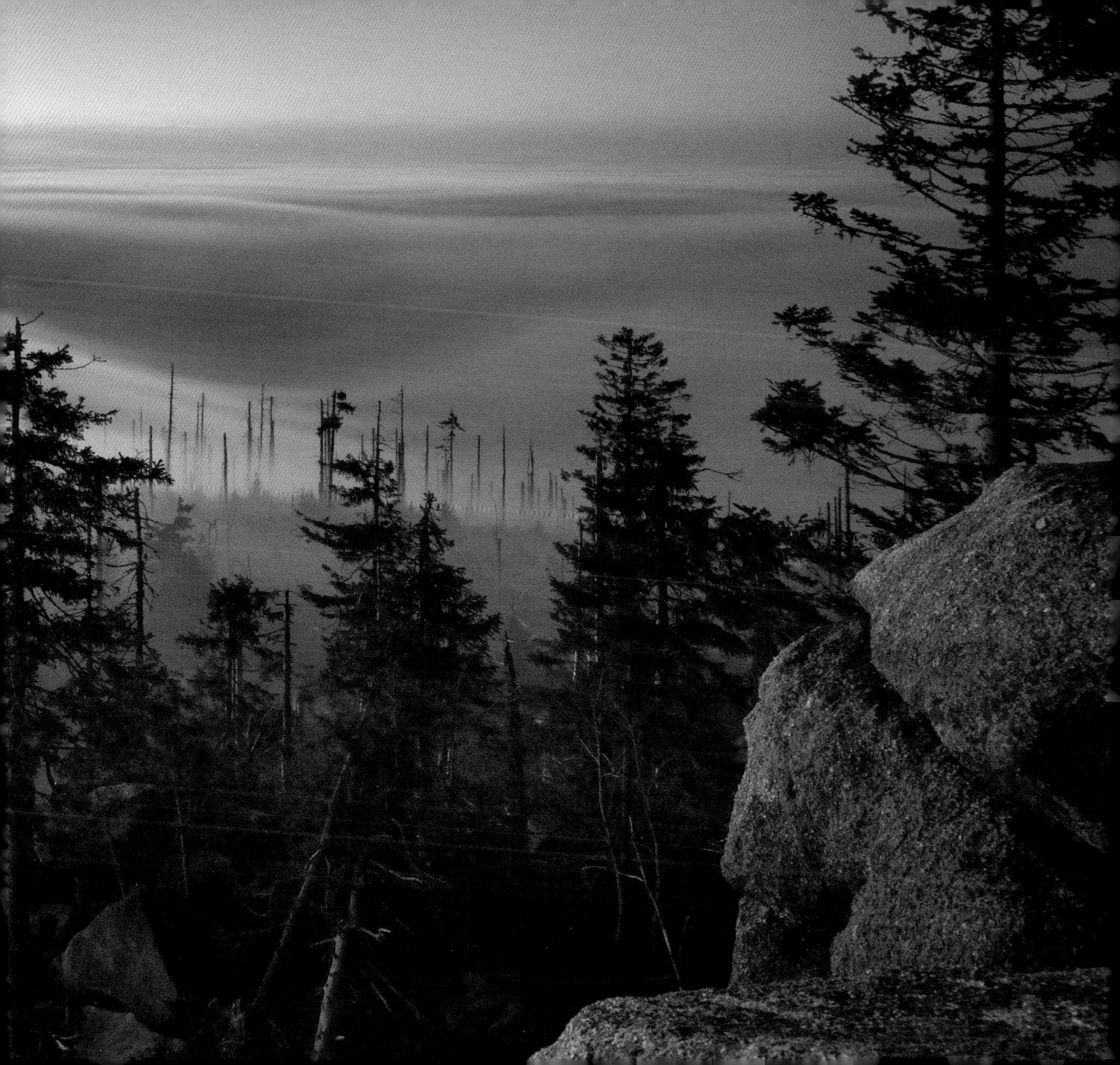

von der Helligkeit des Himmels während der astronomischen Dämmerung. Deren Beginn ist dadurch definiert, dass die Sonne morgens 18 Grad unterhalb des Horizonts steht. Je flacher die Sonne am Horizont, desto mehr beeinflusst ihr Streulicht die Helligkeit der atmosphärischen Schichten. In Norddeutschland gibt es um die Sommersonnenwende die Besonderheit, dass die Sonne nicht tiefer als 18 Grad unter den Horizont wandert, sodass die Phase der Dämmerung die ganze Nacht anhält. Besonders in Schleswig-Holstein und auf Rügen lässt sich in klaren Nächten dann am nördlichen Horizont ein rötliches Glühen beobachten, die Mitternachtsdämmerung.

Die zweite Phase der Dämmerung, die nautische Dämmerung, hat ihren Namen von der Seefahrt: In diesem Zeitabschnitt kann noch anhand der Sterne navigiert werden. Während der bürgerlichen Dämmerung ist es dann bereits so hell, dass ein Buch oder sogar die Bedienelemente einer Kamera mit bloßem Auge gelesen werden können. Wohlgemerkt bei klarem Himmel. Die schon erwähnte Blaue Stunde erstreckt sich ebenso über einen großen Teil der bürgerlichen Dämmerung.

Bei meiner Tour zum Lusen war davon relativ wenig zu merken. Der immer dichter werdende Nebel verwischte die Dämmerungsphasen. Aber noch hoffte ich, dass der Gipfel über das Nebelmeer hinausragen würde. Gerade wurde die Nebelsuppe jedoch nur noch dicker. Zunehmend wurde der feuchte Schleier zur Herausforderung. Schaltete ich die Stirnlampe ein, wurde das Sichtfeld blendend weiß. Millionen kleiner Nebeltröpfchen tanzten dann direkt vor meinen Augen durch die Luft. Betörend verstörend. Ich fühlte mich wie in einem riesigen glitzernden Fischschwarm gefangen. Das Licht auszuschalten, war aber auch keine Lösung. Der Nebel schluckte jegliches

Dämmerungslicht, und absolute Dunkelheit umgab mich dann. Licht an: alles weiß. Licht aus: alles schwarz. Die Wahlmöglichkeit zwischen Whiteout und Blackout war nicht so prickelnd. Also blieb nur indirekte Beleuchtung. Ich nahm die Stirnlampe in die Hand und leuchtete einzig den Bereich vor meinen Füßen aus.

Noch immer befand ich mich auf der Teerstraße, und Schritt für Schritt kam ich durch die Nebelsuppe voran. Schließlich erreichte ich einen weiteren Parkplatz, von dem der Winterweg zum Lusen abzweigte. Der Sommerweg über die steile, aus Felsblöcken errichtete »Himmelsleiter« war mir bei diesem Nebel zu riskant. Für ein paar Hundert Meter wanderte ich jetzt durch fast reinen Buchenbestand. Die Fichten waren hier schon vor vielen Jahren dem Borkenkäfer zum Opfer gefallen. Mit ihren geschwungenen Stämmen erinnerten mich die Buchen an Schlangen. Der Geruch von nassem Laub stieg mir in die Nase.

Andere machen Yoga, für mich ist Wandern die beste Meditation. Schritt für Schritt versank ich in meiner eigenen Welt. Doch plötzlich zuckte ich zusammen. Lautes Bellen holte mich aus der Träumerei in die Realität zurück. Der tierische Lärm im dichten Nebel war doch ein bisschen unheimlich während einer ansonsten stillen Nacht. Bellen ließ mich zunächst an einen Hund denken. War der Tierfilmer Andreas Kieling mit seiner Hündin Cleo ebenfalls hier unterwegs? Natürlich nicht, mein zweiter Gedanke war richtig. Der Verursacher des nächtlichen Radaus war nicht ein Hund, sondern ein Rehbock mit seinen Schrecklauten. Über eine Art Bellen machen Rehe sich gegenseitig auf Gefahren aufmerksam. In der Jägersprache wird das »Schrecken« genannt. Als ich vor vielen Jahren diese Geräusche erstmals nachts hörte, wäre mir mein Herz beinahe in die Hosentasche gerutscht. Das Bellen eines »schreckenden« Rehbocks ist so ziemlich das Unheimlichste, was man nachts in heimischen Wäldern hören kann. Es hört sich an wie eine krude Mischung aus Klagegeschrei und Hundegebell. Vermutlich hatte das Tier mich wegen des Nebels erst relativ spät wittern oder hören können. Um den Bock nicht weiter zu stören, setzte ich meinen Weg fort, weiter bergan. Ein bisschen Herzklopfen hatte ich aber doch.

Mittlerweile zeichneten sich doch die Konturen der Baumkronen ganz sanft im Nebel ab. Der Lichtschimmer war ein gutes Zeichen, dass die Obergrenze des Nebels nicht mehr allzu entfernt war. Jeder weitere Höhenmeter brachte mich näher ans Licht. Dann, endlich, wurde der blaugraue Morgenhimmel sichtbar. Optimales Timing, dachte ich und beschleunigte meine Schritte. Die bleichen Stämme abgestorbener Fichten säumten meinen Weg. Hier war der Borkenkäfer am Werk gewesen. Aber nicht erst in den letzten beiden Jahren wie im Flachland, sondern schon seit zwei Jahrzehnten. Wie Knochenhände griffen die dürren Äste der toten Bäume in den Himmel. Viele Menschen sind beim erstmaligen Anblick der toten Wälder schockiert. Ich kann ihnen aber einen gewissen ästhetischen Reiz nicht absprechen. Von abstrakt bis barock reichte der Formenschatz der Baumgerippe am Lusen.

Vor mir lagen aber noch die letzten felsigen Höhenmeter bis zum Gipfel. Das wabernde Nebelmeer blieb unter mir zurück. Das Lusenschutzhaus markierte den Schlussanstieg. Der Lusen ist für mich der spannendste Berg im Bayerischen Wald, ja vielleicht sogar aller deutschen Mittelgebirge. Sein Gipfel wird von Tausenden Granitblöcken gebildet, eine gigantische, von grün-gelben Flechten überzogene Steinpyramide. Zuoberst bekrönt von ein paar windschiefen Bäumchen und dem obligatorischen Gipfelkreuz. Der riesige Steinhaufen hat schon früh die Fantasie der Menschen angeregt. Wo rationale Erklärungsversuche kein Ergebnis brachten, musste demnach der Teufel seine Hände im Spiel gehabt haben. So ranken um die Entstehung des Lusens verschiedene Sagen. Eine besagt, dass der Teufel mit einem Haufen Steine durch die Luft flog, um damit eine nahe Kirche zu zerstören. Da aber deren Glocken zu läuten begannen, war seine Macht gebrochen, und augenblicklich musste er die ganzen Steine fallen lassen.

Ich stieg weiter über das steinerne Teufelswerk empor und wischte die Gedanken an Sagen und Märchen beiseite, denn in diesem Moment erreichte ich auch das Gipfelkreuz. Von 1373 Metern über dem Meer schaute ich jetzt nach Osten Richtung Morgendämmerung. Unendlich weit erstreckte sich das Nebelmeer unter mir, nur die Berge oberhalb von 1200 Metern, wie der Rachel im Norden und im Süden der Dreisessel, ragten wie Inseln heraus. »Waldwoge steht hinter Waldwoge, bis eine die letzte ist und den Himmel schneidet«, stellte der österreichische Schriftsteller Adalbert Stifter fest.

Bei guter Fernsicht ist der Lusen eine Aussichtsloge ersten Ranges: Im Osten reicht der Blick weit nach Tschechien in den Nationalpark Šumava hinein, und auf der anderen Seite überblickt man Bayern, bis die Alpengipfel in einer Entfernung von

150 Kilometern Luftlinie den Horizont schneiden. Die tiefer gelegenen Gebiete blieben an diesem Morgen unter dem Inversionsnebel verborgen. Am Horizont erkannte ich mit zunehmender Helligkeit auch die markanten Silhouetten von Dachstein und Watzmann, ganz im Westen meinte ich sogar das kastenförmige Bergmassiv der Zugspitze zu erkennen. 250 Kilometer Entfernung wären es bis zu Deutschlands höchstem Berg gewesen. Oder war es nur Wunschdenken? Die maximale Sichtdistanz, die ich je hierzulande hatte, waren 271 Kilometer Luftlinie gewesen, zu den Hohen Tauern in den Zentralalpen.

Nachdem ich die Fernblicke genossen hatte, konzentrierte ich mich auf das nahe Umfeld. Der Nebel bot einmalige Ansichten. Sogar einige der toten Fichten ragten jetzt aus dem Nebelmeer hervor. Ein surreales Bild. Ich war allein am Gipfel – die Nebeldecke hatte wohl andere Wanderer davon abgehalten, nach Aussicht zu suchen. In den letzten Jahren hatte die Zahl der Besucher zu Sonnenaufgang extrem zugenommen, eine Folge des allgemeinen Outdoor-Booms. Statt Einsamkeit musste ich mich mit Naturgeselligkeit arrangieren. Und vor nicht allzu langer Zeit hatte ich – auch auf dem Lusen – ein ungewöhnliches Gipfelerlebnis: Zwanzig Minuten vor Sonnenaufgang traf eine Gruppe von Frauen Mitte vierzig ein, flott unterwegs und sehr gesprächig. Am Gipfel angekommen, wurden die Wanderinnen zunächst still und blickten andächtig nach Osten in Richtung Sonnenaufgang. Sie waren so ruhig, dass ich ihre Anwesenheit während des Fotografierens fast schon vergessen hatte. Doch gerade als sich die Sonne langsam über den Horizont schob, glaubte ich meinen Ohren nicht: Inbrünstig erklang aus einem Dutzend Frauenkehlen »Hallelujah« – auch als Lied von Leonhard

Cohen bekannt. Da war ich perplex. Ungläubig wandte ich mich von der Sonne ab und dem spontan geformten Chor zu. Bayerische Volksfrömmigkeit kann schon wunderliche Blüten treiben. Andererseits war es vielleicht eine Art Ehrerbietung der Damen vor der Schönheit des Augenblicks und der Schöpfung.

Zum Glück war ich an diesem Nebelmorgen aber allein am Lusen und konnte das Schauspiel der Natur störungsfrei genießen. Im nächsten Moment brachte auch schon die Sonne das Nebelmeer zum Glühen. Was für ein gewaltiger Anblick, der Tagesanbruch im Bayerischen Wald ist mir inzwischen so viel mehr wert, als es ein Strandurlaub in Bibione je sein könnte. Doch Wandern und Schönheit machen müde. Erschöpfung übermannte mich. Noch ein paar Fotos, dann war es an der Zeit abzusteigen.

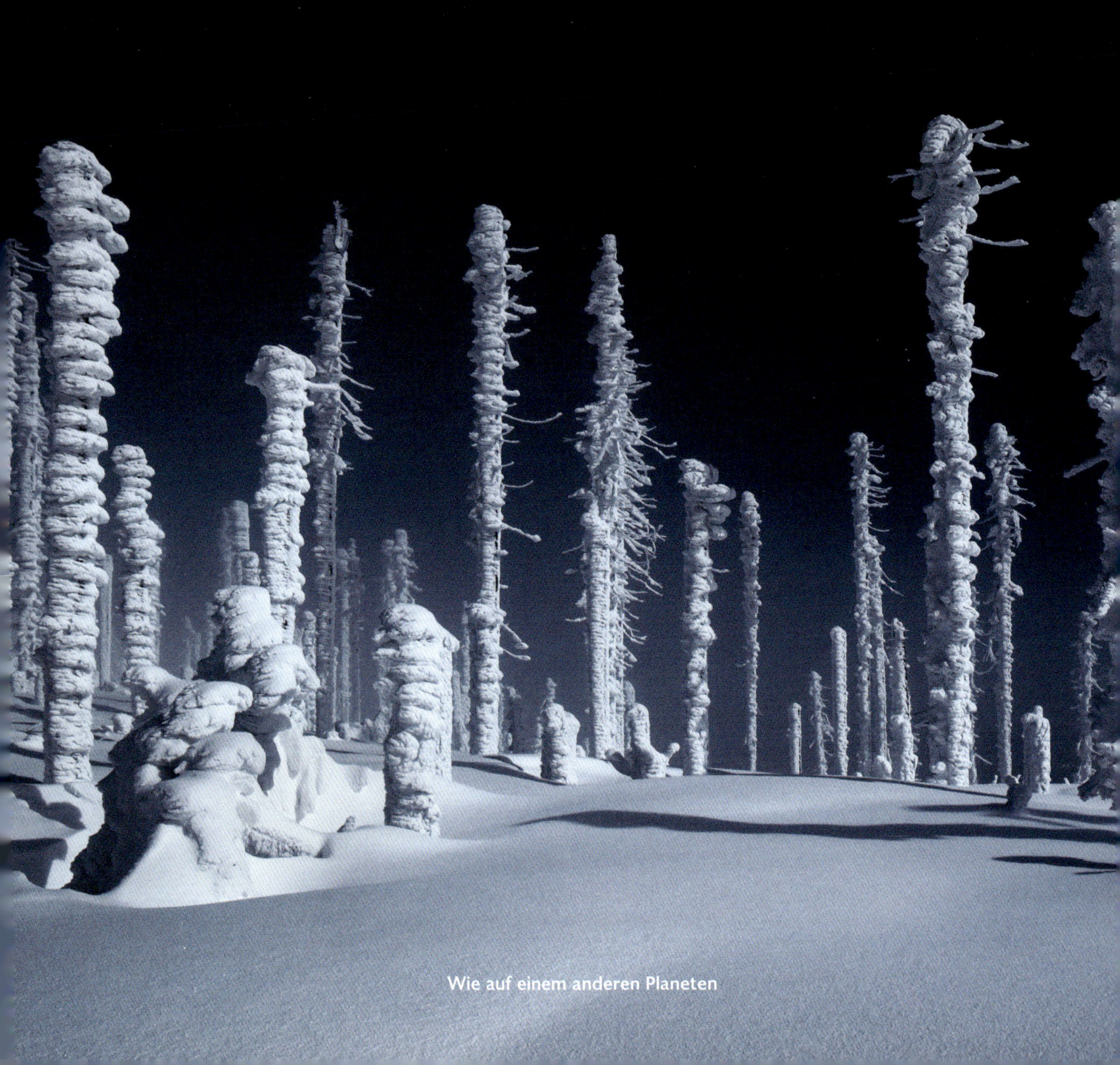
Wie auf einem anderen Planeten

Eiswald eiskalt

Böhmerwald (Bayern)

Beim Abstieg vom Lusen blickte ich rüber nach Böhmen, die Grenze Tschechiens verläuft hier keine 200 Meter unterhalb des Gipfels. In Sichtweite hatte ich im Šumava Nationalpark vor einigen Jahren ein außergewöhnliches ungeplantes nächtliches Walderlebnis: Ich saß über meiner Diplomarbeit in Bonn und verfolgte etwas wehmütig im Fernsehen den Wetterbericht für Süddeutschland. Winter und Kälte waren auch damals die Ausnahme im Rheinland. Aber als ich sah, dass Mitte Februar Temperaturen bis unter minus 20 Grad Celsius für Ostbayern vorhergesagt wurden, und zwar tagsüber, gab es für mich kein Halten mehr. Dieses Extremklima wollte ich selbst erleben. Ich tauschte den Schreibtisch mit meinem wärmsten Winteranorak, und schon war ich unterwegs Richtung Süden. Bei einem Zwischenstopp lud ich noch ein Paar Langlaufski ins Auto, um im verschneiten Bergland flexibel zu sein.

Ich musste mich zwischen der bayerischen und böhmischen Seite des Grenzkamms entscheiden. Meine Wahl fiel auf den Böhmerwald. Ausgedehnte Moorgebiete und eine Höhenlage von 1000 bis 1250 Meter führen dort zu starker Auskühlung während klarer Winternächte. Und als ich ankam, wurden dann auch tatsächlich minus 25 Grad erwartet. Arktische Verhältnisse. Extreme Wetterereignisse. Ein Winterparadies. Die Sorge um meinen Tankinhalt – Diesel ohne Frostschutz – währte nur kurz. In langer Unterhose, mit Wollpulli, Fleecejacke und Daunenanorak machte ich mich mit den Langlaufskiern auf den Weg. Die Loipen waren wegen der Kälte überraschend leer. Obwohl die Sonne vom wolkenlosen Himmel schien, war es eisig kalt, und das Licht brach sich in Eiskristallen in der Luft.

Auf meinen Skiern mühte ich mich durch halb abgestorbene Fichtenwälder vorwärts, stoppte hier und da für eine Aufnahme, ließ die beeindruckende Kälte auf mich wirken. Am späten Nachmittag erreichte ich die von mir angepeilte Umkehrstelle, einen Aussichtspunkt zum Lusengipfel. Dabei stellte ich fest, dass die nicht weit entfernt liegende Hütte, die ich zuvor nur als Museum wahrgenommen hatte, anscheinend bewirtschaftet war. Eigentlich wollte ich vor Einbruch der Dunkelheit wieder am Auto sein, der Diesel im Tank durfte nicht einfrieren. Aber eine heiße Suppe erschien bei diesem Klima nur zu verlockend. Zum Glück hatte ich einige Tschechische Kronen im Rucksack und betrat die Gaststube. Alle Tische waren leer. Als ich schon wieder gehen wollte, schaute plötzlich ein freundliches Gesicht um die Ecke. Die junge Tschechin sprach mich an und lud mich ein, doch Platz zu nehmen. Sie war hier die Köchin, und sie arbeitete sich einmal quer durch die Speisekarte. Brote überbacken mit Waldpilzen und Käse, Ertrunkene (sauer eingelegte Knackwürste), würzige Krautsuppe (sehr empfehlenswert), Knödel, Palatschinken. Dazwischen stand sie am

Tisch, und wir kommunizierten mit meinen fünf Wörtern Tschechisch, ihrem bisschen Deutsch und mit Händen und Füßen. Die Stunden vergingen, irgendwann saßen wir nebeneinander, und sie schilderte mir, wie einsam das Leben auf der Hütte sei. Davon abgelenkt, vergaß ich vorübergehend, aus dem Fenster zu schauen. Das goldene Abendlicht verpasste ich. Beim nächsten Blick war bereits die Dämmerung hereingebrochen, und ich erinnerte mich an meinen Auftrag: die Kälte-Jagd. Pflichtbewusst teilte ich meiner Gesprächspartnerin meinen Aufbruch mit und erntete dafür einen etwas traurigen Blick und die Frage, ob ich wirklich schon gehen müsste. (Später habe ich mich gefragt, was passiert wäre, wenn ich geblieben wäre. Theoretisch. Als ich im nächsten Winter zur Hütte zurückkehrte, war die freundliche Köchin nicht mehr dort. In der Zwischenzeit hatte es einen Pächterwechsel gegeben. Die Einsamkeit in der Hütte hatte wohl gesiegt.)

So stand ich an jenem Abend draußen in der klirrenden Kälte. Schon die ersten Schritte fühlten sich an, als würde ich gegen eine Eismauer laufen. Über mir funkelten bereits einige Sterne, der Schnee knisterte unter meinen Schuhen. Eine derart trockene und knackige Kälte habe ich danach nur noch in Lappland erlebt. Der Frost kroch in die Nasenlöcher, und auch die Augenlider gefroren. Selbst unter meinen diversen Kleidungsschichten war mir nun kalt, als hätte sich eine Reifschicht direkt auf die Haut gelegt. Ich versuchte der Kälte wenig Angriffsfläche zu bieten, zog mir die Kapuze tief ins Gesicht und beobachtete durch einen schmalen Sehschlitz die vom fahlen Licht der Blauen Stunde etwas erhellte Landschaft. Der Fahrtwind beim Langlauf steigerte jedoch noch das Kälteempfinden. Dennoch bemühte ich mich, Meter zu machen. Auf einmal ein lauter Knall. Vor Schreck hätte ich beinah das Gleichgewicht verloren, konnte den Sturz aber mit den Skistöcken noch gerade so auffangen. Ich lauschte in die eisige Stille. Nichts. Kann man Frost hören? Meine Ohren nahmen jedes noch so leise Geräusch wahr. Alles ruhig. Doch wie aus heiterem Himmel ein weiterer Knall. Nein, ein Gewehrschuss kann es nicht gewesen sein. Dieser Laut war ein ganz anderer. Es hörte sich eher nach dem Zerbersten von Holz an. Je länger ich verweilte, desto verstörender wurde die mich umgebende Geräuschkulisse. Um mich herum begannen die Baumgerippe des Borkenkäferwaldes zu ächzen und stöhnen. Ein unheimliches Brausen erfüllte die Nacht. Dazwischen dann wieder ein Knallen und Krachen wie von Peitschenhieben. Ich konnte mir einfach keinen Reim auf dieses nächtliche Schauspiel machen und hoffte nur, dass keine Bäume auf die Loipe gestürzt waren.

Vorsichtshalber suchte ich mir eine halbwegs stabil wirkende Stelle in der Mitte einer kleinen Lichtung und dachte darüber nach, was der Grund für diesen Höllenlärm sein konnte. Es klang inzwischen, als würde der gesamte Wald in sich zusammenstürzen. Im Kopf ging ich die Wetterkomponenten durch: Tagsüber minus 20 Grad, aber Sonnenschein, jetzt deutlich kälter und Nacht. Ich hatte eine Idee. Zumindest erschien sie mir logisch. Durch die Energie direkter Sonneneinstrahlung – nicht der Temperatur – musste sich das Holz mancher Bäume so erwärmt haben, dass winzige Mengen ungefrorenes Wasser in kleinste Spalten und Poren gerade der abgestorbenen Bäume eindringen konnten. Mit dem rapiden Absinken der Temperatur nach Einbruch der Dunkelheit könnte sich das Wasser beim Gefrieren schlagartig ausgedehnt haben. Die Folge: laut auseinanderkrachende Poren. Diese Erklärung stellte mich zufrieden und

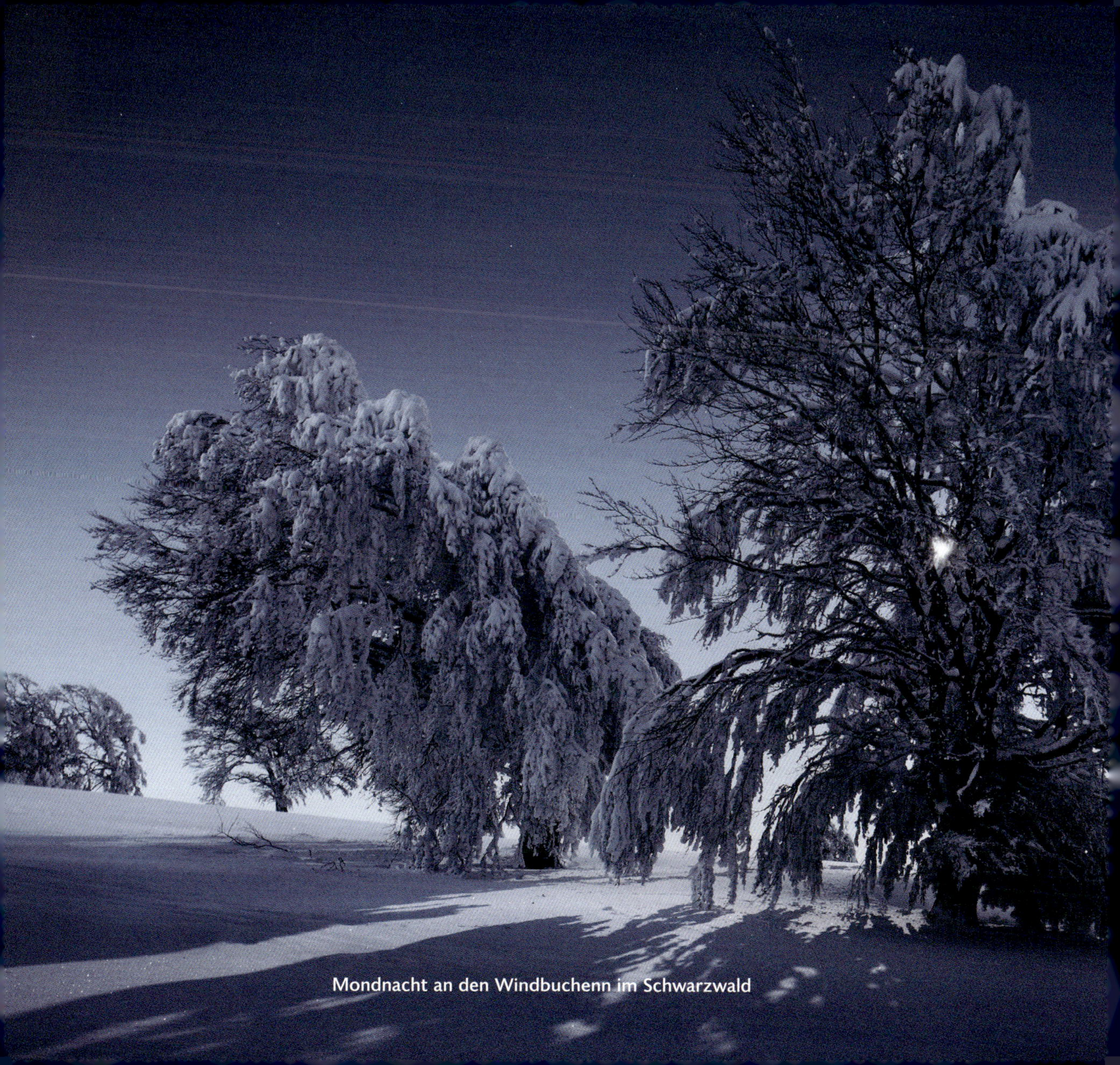

Mondnacht an den Windbuchenn im Schwarzwald

beruhigte mich auch ein wenig. Die Gefahr, von einem Baum erschlagen zu werden, war dann wohl gering.

Die bedrohlichen Geräusche hörten nicht auf. Aber jetzt konnte ich mich wieder auf das Langlaufen konzentrieren, außerdem hatte ich es ja auch ein wenig eilig: der Diesel im Tank! Als ich schließlich das Auto erreichte, zeigte der Bordcomputer tatsächlich bereits minus 35 Grad an. Nach drei Anläufen startete zum Glück der Motor. Unterkühlt kam ich dann in meiner Unterkunft an, weil ich die Heizung auf Sparflamme geschaltet hatte. Bloß kein Risiko eingehen. Noch bis minus 39,4 Grad sanken die Temperaturen in dieser Nacht. Unglaublich. Ein Unfall mit den Skiern oder eine Autopanne wären in dieser Nacht lebensbedrohlich gewesen.

Im Schwarzwald musste ich einmal auf dem Weg zu Aufnahmen einiger vereister Buchen unfreiwillig im Auto übernachten. Strenger Wind wehte über die Hochflächen des Mittelgebirges, und die auf knapp 1000 Meter Höhe führende Straße in der Nähe des Bergs Schauinsland war von Schneewehen bedeckt. Sie war für den treibenden Schnee nur ein Graben, der möglichst schnell aufgefüllt werden musste. Zunächst kam ich noch an einigen Schneewehen vorbei, aber das Ganze passierte so schnell, dass ich irgendwann im vom Wind verfrachteten Schnee gefangen war. Mir blieb nichts anderes übrig, als mitten auf der Straße eingeschneit die Nacht zu verbringen. Ich schaltete das Warnblinklicht ein und wartete auf den Morgen. Tatsächlich kam sehr früh eine Schneefräse, um die Straße wieder befahrbar zu machen. Ich hatte also Glück gehabt. Wobei die Temperaturen in jener Nacht nur wenige Grad unter null waren.

Die fast minus 40 Grad im Böhmerwald hatte ich in Mitteleuropa außerhalb der Alpen bis zu der Nacht auf Langlaufskiern für unmöglich gehalten. Rückblickend war es ein einmaliges Erlebnis. In den Jahren danach gab es immer wieder mal minus 25 Grad, aber auf den damaligen Rekordwert sank das Thermometer nicht mehr.

Während ich mich an diese frostige Episode erinnerte, lief ich immer noch entlang einer Fahrstraße vom Lusen hinab zum Nationalparkzentrum Neuschönau. Wie lang mag meine Tour gewesen sein? Gefühlt mindestens dreißig Kilometer. Nach der langen Nacht war es jetzt Zeit für ein heißes Bad und danach ein paar Stunden Schlaf. Zum Glück konnte mich ein Kollege am Nationalparkzentrum einsammeln und zu einem kleinen Holzhaus bringen, das mir oft als Ausgangspunkt für Touren im südlichen deutsch-tschechischen Grenzgebiet dient. Besonders im Winter bin ich eher in der Region südlich des Nationalparks unterwegs, weil dort weniger Wander- und Skitourenwege von Wintersperren betroffen sind. Daher plante ich in den darauffolgenden Tagen auch eine winterliche Nachttour, die ich am Höhepunkt des Winters umsetzen wollte.

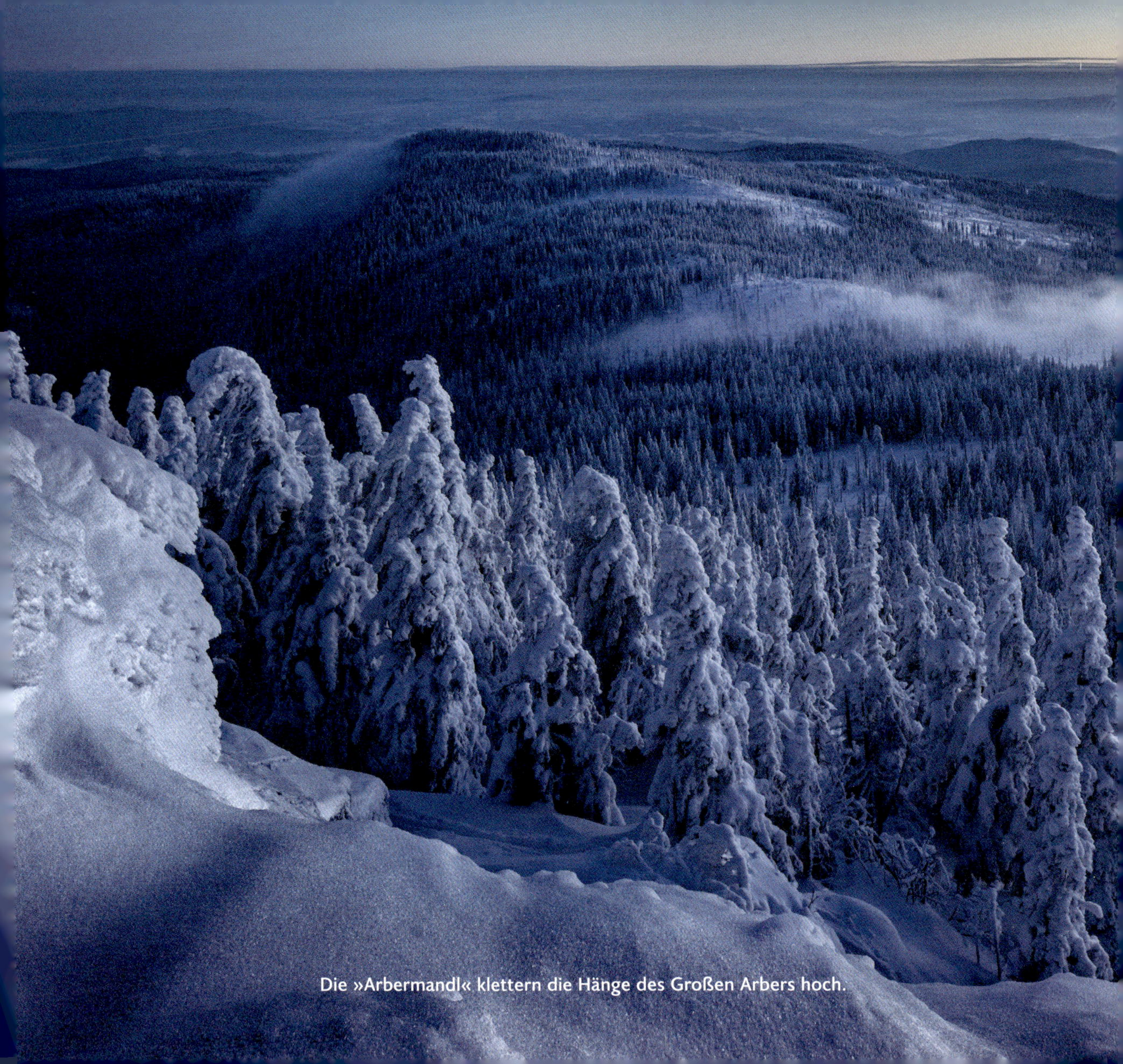

Die »Arbermandl« klettern die Hänge des Großen Arbers hoch.

Ein Wintermärchen

Bayerischer Wald (Bayern)

Die Erinnerungen an die Nacht in der Eiseskälte ließen mich nicht los. Aber der Winter kam nur schleppend in Gang und zeigte selten seine Krallen. Erst Ende Januar war es so weit, sowohl Temperaturen als auch Schneemenge versprachen eine einmalige nächtliche Erfahrung. Ich machte mich wieder auf den Weg zum Holzhaus im Dreiländereck – oder Chalet, wie man seit dem Jahrtausendwechsel sagen würde. Für die nächtliche Grenzerfahrung entschied ich mich für eine Route entlang des ehemaligen »Eisernen Vorhangs«. Dieser Kammweg führt in einer Höhenlage um die 1300 Meter parallel zur deutsch-tschechischen Grenze durch vom Borkenkäfer dezimierte Fichtenwälder. Die Region um den Dreisesselberg ist für ihre Schneesicherheit bekannt. Bis zu drei Meter hoch türmt sich der Schnee hier im Winter auf. In Hohlräume zwischen Totholz kann man schon mal brusttief einbrechen. Unangenehm, wenn dann die Schneeschuhe an den Füßen das Rausklettern behindern. Dennoch sind sie oder Tourenski das geeignete Fortbewegungsmittel dort oben.

Für meine Wanderung wählte ich eine klare Mondnacht. Schon bei meiner Ankunft zeigte sich die Landschaft als weißes Wintermärchen. Eine mehrere Dezimeter dicke Raureifschicht bedeckte die Landschaft. Felsblöcke, Fichten mit eng anliegenden Ästen und die kahlen Stämme der abgestorbenen Bäume – alles war zu fantastischen Schneeskulpturen erstarrt. Noch herrschte reger Besucherandrang ob der tollen Bedingungen. Familien, Skitourengeher, Touristen in Lederhosen mit Kniestrümpfen und Gamsbart am Hut. Aber aus Erfahrung wusste ich, dass sich der Berg schlagartig leeren würde, sobald die Sonne hinter dem Horizont verschwand. Dann kroch die Kälte über den Bergkamm und vertrieb all jene, die sich mit der Dunkelheit nicht arrangieren wollten. Mich dagegen zog die eisig kalte Finsternis an.

Im Abendlicht betrachtete ich die Landschaft. Der Wind blies einige Wolkenfetzen über den Bergkamm. Im Licht der untergehenden Sonne leuchteten die Wolken und Waldhänge orangerot auf. Kameras und Smartphones zeigten kollektiv nach Westen, in Richtung Sonnenuntergang, nur ich schaute nach Osten, weit ins Böhmische Becken hinein. Die abgestorbenen Borkenkäferwälder erstrahlten im letzten Licht. Fremdartig lebendig erschienen die toten Fichten in ihren dicken Raureifkokons. In der Ferne verloren sich drei Skibergsteiger im bläulichen Zwielicht auf der Schattenseite des Bergkamms. Überhaupt sah die Landschaft ganz anders aus als sonst. Der Aufwuchs junger Fichten, der im Sommer zwischen dem Totholz beobachtet werden kann, war völlig vom Schnee bedeckt. So war die neue Waldgeneration aber auch vor den eisigen Stürmen geschützt, welche die Hochlagen regelmäßig heimsuchen.

Jetzt fiel mir die Schneise des ehemaligen Patrouillenwegs der ČSSR-Grenztruppen entlang des »Eisernen Vorhangs« auf. Die ungenutzten Wege wurden nach der Wende schon früh von kleinen Fichten besiedelt, die für den Borkenkäfer nicht interessant schienen. Inzwischen bildeten diese Bäume entlang der Grenze ein wenige Meter breites Band von lebenden Fichten innerhalb der Borkenkäferwälder. Aus dem »Eisernen Vorhang« ist mittlerweile das Grüne Band geworden. Wölfe und sogar Elche durchstreifen regelmäßig von Osten kommend deutsches Gebiet. Neben Überresten militärischer Einrichtungen hat die europäische Teilung aber auch in der Natur Spuren hinterlassen. In den Nationalparks Šumava und Bayerischer Wald wurden regelmäßig Hirsche mit Funksendern ausgestattet, um das Wanderverhalten und die Reviergrößen der Rotwildrudel zu analysieren. Diese meist nächtlichen Bewegungen blieben ansonsten dem menschlichen Auge verborgen. Dabei wurde auch über ein Vierteljahrhundert nach dem Fall des Eisernen Vorhangs Erstaunliches beobachtet: Im Böhmerwald hielten sich die Rothirsche nach wie vor an den Verlauf des ehemaligen Grenzzauns und wechselten nicht nach Bayern rüber – und das, obwohl die Tiere einen nächtlichen Aktionsradius von über fünfzig Quadratkilometern aufweisen. Forscher vermuteten, dass die Erinnerung an die unüberwindbare Grenze weiterhin im Rudel weitergegeben wird, von einer Generation an die nächste. Wobei dieses Verhalten vor allem für tschechische Rudel galt. Auf bayerischer Seite gab es durchaus Grenzübertritte junger Hirsche, die im Nachbarland auf Brautschau gehen wollten. Mit durchwachsenem Erfolg, da die böhmischen Platzhirsche meist über die halbstarken Bayern triumphierten.

Während der Brunftzeit im Herbst hallt besonders in klaren Herbstnächten das Röhren der Hirsche durch die Täler. Ein archaisches akustisches Erlebnis und zugleich ein majestätisches Schauspiel. Wenn der Vollmond vom Himmel scheint, gipfelt die Brunft auch in huffesten Auseinandersetzungen. Über weite Distanzen hört man dann in den Morgenstunden die aufeinanderprallenden Geweihe der miteinander ringenden Hirschbullen. Tagsüber flaut die Aktivität ab, die Hirsche ruhen sich im Dickicht und in Suhlen aus. Nur hier und da hört man ein heiseres Röcheln als Erinnerung an die Brunftschreie und Kämpfe der Nacht. Bei Sonnenuntergang geht es in die nächste Runde. Die Nächte im Hirschrevier sind während der Brunft turbulent. Im Winter kommen die Tiere zur Ruhe, im Spätwinter werfen sie ihr Geweih ab. Auf den Hochlagen wandern sie dann ab, da das Vorankommen in der meterhohen Schneedecke zu kräftezehrend wäre.

Auch an jenem Wintertag war es still im Hochwald, nachdem fast alle Ausflügler den Berg verlassen hatten. Der Sonnenuntergang war für mich dagegen das Startsignal. Auf Schneeschuhen glitt ich durch das weiße Paradies. Die Abendwolken waren abgesunken und hingen als kleine Nebelfelder am Bergkamm fest. Wolkenfetzen trieben schnell und doch lautlos vorüber. Ein wildes Spiel aus Schattenwurf und Restlicht begann. Bäume in zehn Meter Entfernung verschwanden im Nebel, um unvermittelt wieder aufzutauchen. Während einer Wolkenlücke bemerkte ich den soeben aufgegangenen Mond am Dämmerungshimmel. In Kürze würde er mir den Weg leuchten. Surreal erschien die Landschaft im Licht der Blauen Stunde. Eiskristalle knisterten unter meinen Schneeschuhen, ansonsten lag große Ruhe über der Natur. Auch wenn die zu Fantasiegestalten gefrorenen Bäume so aussahen, als würden sie jeden Moment lebendig werden: Perücken tragende Gesichter, barocke Frauenkörper, fantastische Tierwesen und dämonenhafte Fratzen. Kopfkino.

Das Mondlicht begann mehr und mehr mit dem schwindenden Abendlicht um die Oberhand am Himmel zu ringen. Dämmerungsglühen leuchtete die Naturformen weich von der einen Seite aus, während das Mondlicht hart und kalt die Ecken und Kanten von der anderen Seite betonte. In diesem Zwielicht erschien die Landschaft viel plastischer als bei normalem Sonnenlicht. Aber der Triumph des Mondes war vorherbestimmt. Vor dem inzwischen nachtblauen Himmel erschien die in sein Licht gebadete Schneelandschaft strahlend weiß. Nicht einmal eine Stirnlampe brauchte ich mehr. Stoisch vorwärtsstapfend genoss ich die Darbietung von Mondlicht, Nebel, Schnee und den vom Borkenkäfer geschaffenen Baumskulpturen. Die Stille machte die Szenerie unheimlich, denn alle anderen Naturelemente wirkten im Mondlicht eigenartig lebendig.

Nach mehreren Kilometern erreichte ich das Dreiländereck, mein Ziel. Die Granitsäule mit den eingemeißelten Wappen von Deutschland, Tschechien und Österreich war in den Schneemassen kaum zu sehen, daher machte ich mich schnell wieder auf den Rückweg. Plötzlich hielt ich inne. Ich hatte das Gefühl, dass ich verfolgt wurde. Ein unbekanntes Geräusch hatte sich zum Rhythmus meiner Schritte gemischt. Schrrrk, schrrrk, schrrrk. Stille. Dann wieder: Schrrrk, schrrrk, schrrrk. Ich lauschte in die Dunkelheit und versuchte im Mondlicht etwas zu erkennen. Aber ich sah nichts. Das scharrende Geräusch war noch immer da; es kam näher. Klar und deutlich konnte ich es mittlerweile hören. Weiter suchte ich die Schneeoberfläche nach einem Tier ab. Aber im Mondschein regte sich nichts. Erst jetzt realisierte ich, dass sich etwas nicht auf, sondern unter der meterhohen Schneedecke mir näherte. Anhand des Geräuschs versuchte ich zu erahnen, um was es sich handeln könnte. Oder spielte mir mein Gehör in der Stille einen Streich, und ich bildete mir das alles nur ein? Der Lautstärke nach musste es etwas Großes sein. Zwei, drei Meter war das grabende Scharren jetzt noch von mir entfernt. Mir wurde ein wenig mulmig zumute. Ich wartete darauf, dass jeden Moment ein Tierkopf aus dem Schnee auftauchen würde, um mich anzuspringen. Aber es passierte nichts. Stattdessen kam das Scharren noch näher. Aber je weiter es sich näherte, desto weniger mächtig erschien es mir. Es erinnerte mich an den Scheinriesen aus Michael Endes Buch *Jim Knopf und Lukas der Lokomotivführer*.

Endlich konnte ich auch ein sehr leises Fiepen vernehmen. Puh, es war nur eine Maus. Also hatte es zum Glück kein Wolf oder Wolpertinger auf mich abgesehen. Das Nagetier hatte keine böse Absicht. Die Schneedecke erwies sich als Resonanzkörper und verstärkte die scharrenden Geräusche zu einer bedrohlichen Klangkulisse. Unter der Schneedecke herrscht auch im Winter Betrieb. Nach der Schneeschmelze zeichnet sich oft ein verzweigtes Netzwerk von kleinen Bahnen auf der Bodenoberfläche ab. Überreste der Lauftunnel, welche die Mäuse im Winter unter dem Schnee anlegen. Ich hörte noch ein kurzes Rascheln im Schnee, dann nichts mehr. Vermutlich war die Maus – oder wer auch immer dort unten unterwegs gewesen war – zu Hause angekommen. Ich dagegen stand im Nachtwald auf meinem eisigen Posten.

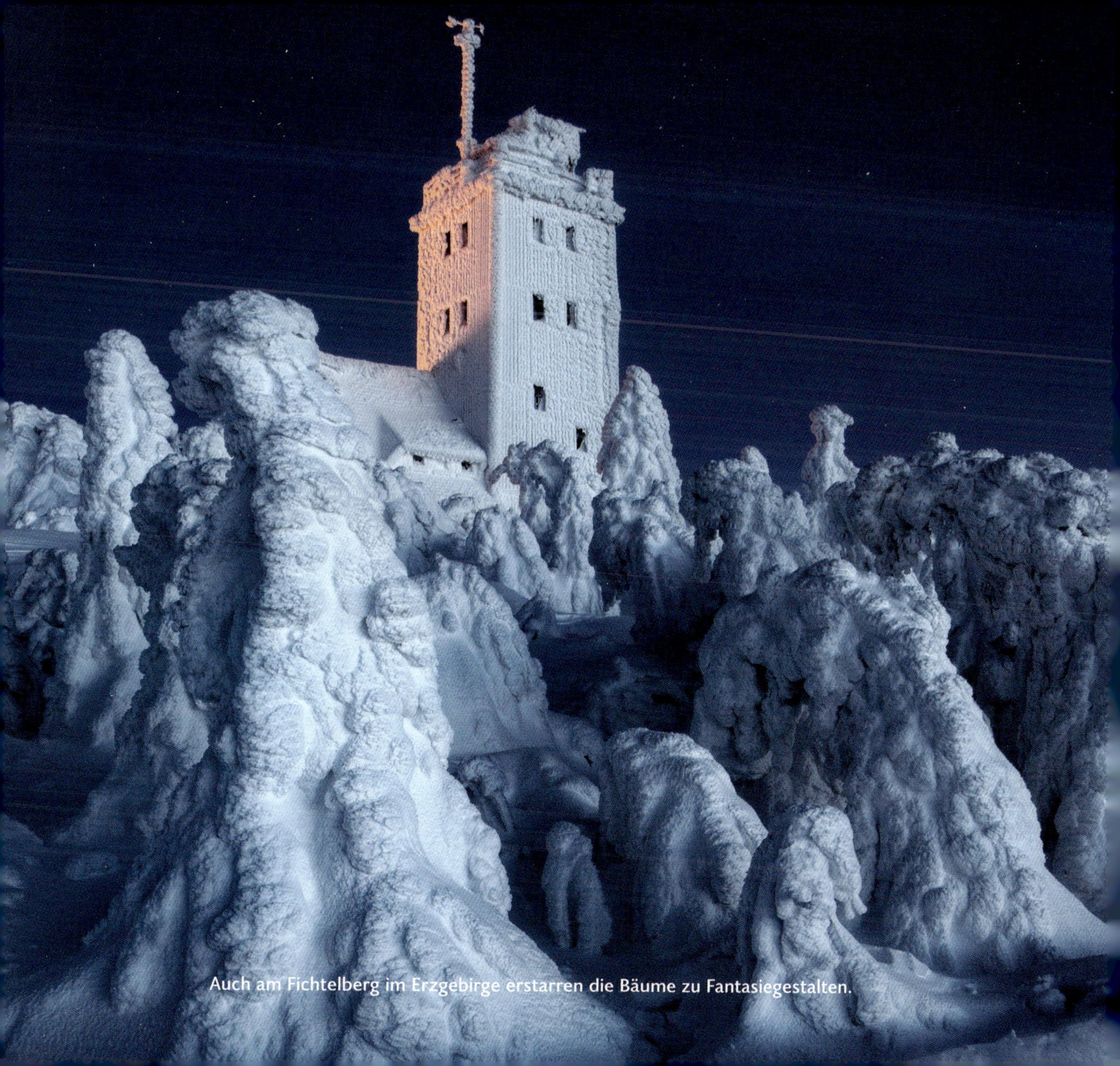

Auch am Fichtelberg im Erzgebirge erstarren die Bäume zu Fantasiegestalten.

Unter dem klaren Mondlicht nahm die Kälte weiter zu. Keine minus 39 Grad, aber Richtung minus 20 Grad ging es bestimmt. Daher setzte ich meinen Rückweg fort. Mir kam die tragische Geschichte eines älteren tschechischen Wanderers aus dem Jahr 2008 in den Sinn. Er war ebenfalls abends und im Winter im selben Gebiet unterwegs gewesen. Vermutlich war er gestürzt oder hatte einen Herzinfarkt in der Nähe eines Aussichtsfelsens gehabt. Jedenfalls verstarb er, ohne dass jemand es bemerkte. Seine Leiche wurde erst nach mehreren Wochen, während der Schneeschmelze, gefunden. Eine große Menge Neuschnee hatte den leblosen Körper über Nacht zugedeckt, und so blieb der Tote bis zum Frühjahr unentdeckt.

Indem ich regelmäßig Informationen über meine Touren virtuell hinterlege, versuche ich, ein ähnliches Schicksal zu vermeiden. Dennoch habe ich Respekt vor den Gefahren des Winters – besonders wenn ich allein unterwegs bin. Gerade in anspruchsvollem Gelände ist es nicht ungefährlich, und ich habe bereits mehrere Bekannte an Lawinen oder den Kältetod verloren. Auch ich selbst musste bereits die eine oder andere heikle Situation durchstehen. Glücklicherweise gingen die Unfälle bisher halbwegs glimpflich aus, aber besonders eine Wintergeschichte habe ich nie vergessen.

Ich war mit Schneeschuhen bereits acht Stunden am Großen Arber (1456 Meter) unterwegs gewesen. Dort hatte ich tagsüber die als »Arbermandln« (Arbermännchen) bezeichneten, tief verschneiten Bäume fotografiert. Abends kehrte ich noch in einer Berghütte in Gipfelnähe ein. Durch das Wandern im Tiefschnee war ich ziemlich erschöpft, so erkundigte ich mich an einem Tisch bei Einheimischen nach dem schnellsten Abstieg. Auch in dieser Nacht waren es um die minus 20 Grad, und ich hatte nicht das entsprechende Equipment für ein Winterbiwak dabei, sodass ich möglichst bald wieder am Parkplatz sein wollte. Ich bekam die Empfehlung, dass es »links rum« am einfachsten wäre. Nun ja, die Information half mir nicht so wirklich viel weiter, also schaute ich mir auf einer digitalen Karte das nahe Umfeld des Gipfels an. Ich fand einen Weg, der vom Gipfel »links rum« Richtung Tal führte.

Obwohl mir mein Gefühl sagte, dass das mit der Himmelsrichtung nicht ganz stimmen könnte, ging ich los. Mein Missverständnis war, dass die Einheimischen links direkt von der Hütte aus meinten und nicht links vom Gipfel aus. Ihr Links wäre mein Rechts gewesen. Aber das realisierte ich viel zu spät. Eigentlich hätte es auch gereicht, einfach mal kurz ein bisschen weiter die digitale Landkarte in Augenschein zu nehmen. Aber so marschierte ich nichts ahnend hinab in den dunklen Winterwald – frohen Mutes, da ich mich in einer halben Stunde am Auto wähnte. Für die nachtliche Schönheit der im Licht der Stirnlampe glitzernden Schneekristalle hatte ich keinen Sinn. Irgendwann kam es mir doch seltsam vor, wie lang sich der Weg hinzog. Gefühlt lag der Parkplatz ja auch in der entgegengesetzten Himmelsrichtung. Ich holte mein Smartphone heraus, stellte fest, dass der Akkustand bedrohlich niedrig war, und warf einen Blick auf die digitale Karte. Da traf mich der Schock. Ich war völlig falsch gelaufen. Bei Nacht und Kälte stand ich nun mitten im Wald und war durch die Tiefschneestrapazen tagsüber völlig entkräftet. Ein Wegweiser stahl mir den letzten Mut. Sowohl der nächste Ort als auch mein Auto waren mindestens je zwei Stunden Schneeschuhwanderung entfernt. Im Sommer kein Problem, im Winter dagegen ein mühsamer Kampf gegen Müdigkeit und Erschöpfung.

Paralysiert von meinem Versagen, dachte ich hektisch über eine andere Rettungsmöglichkeit nach. Die Bergwacht war keine Option, ein Notfall lag ja (noch) nicht vor. Ein bisschen schämte ich mich auch für meinen Fauxpas. Schließlich dachte ich: Moment – wir leben im 21. Jahrhundert! Da ich davon ausging, dass der Akku meines Handys bei der Kälte sowieso nicht mehr lange halten würde, versuchte ich mein Glück bei einer Wander- und Fotogruppe im Bayerischen Wald auf Facebook. Tatsächlich öffnete sich schon nach wenigen Augenblicken ein Chatfenster, und eine Frau bot mir an, dass ihr Mann mich aus meiner misslichen Lage retten könnte. Als Verantwortlicher für die Langlaufloipen hätte er einen Motorschlitten und könnte so in einer guten halben Stunde vor Ort sein. Was für eine Hilfsbereitschaft und was für ein Glück. In großer Dankbarkeit nahm ich ihr Angebot an, ich hatte nicht mit einer so schnellen Rettung gerechnet.

Nach nicht mal dreißig Minuten bemerkte ich, wie sich ein Scheinwerferlicht auf mich zubewegte. Der Motorschlitten. Schließlich erreichte mich der Fahrer. Er begrüßte mich mit Handschlag, legte meinen Rucksack auf die Ladefläche und bat mich, hinter ihm auf das Gefährt zu steigen. »Gut festhalten«, war sein Rat. Wie recht er hatte. Bereits nach wenigen Metern klammerte ich mich mit aller Kraft am Haltegriff fest. Mir wurde auch klar, warum die Rettung so schnell erfolgte: Als Loipenwart kannte er das Wegenetz wie seine Wintermanteltasche und konnte jede Abzweigung und Kurve mit erstaunlicher Geschwindigkeit meistern.

Rasant ging die eisige Fahrt durch den Winterwald dahin. Im Licht des Frontscheinwerfers flogen die Bäume nur so an uns vorbei. Die Fahrt mit dem Motorschlitten war ein unerwartetes Bonus-Abenteuer. Noch heute bin ich dankbar für diese spontane Bergung und die Eindrücke, die ich während des wilden Ritts auf dem Schlitten bei minus 25 Grad sammeln konnte. Gleichwohl weiß ich, dass die Nacht mit leerem Handy-Akku und ohne genaue Orientierung viel düsterer hätte ausgehen können.

All diese Gedanken begleiteten mich auf dem nächtlichen Rückweg vom Dreiländereck. Hier konnte ich mich nicht verlaufen, denn der Rückweg entsprach dem Hinweg. Auch keine weiteren ungewöhnlichen Geräusche unter der Schneedecke vernahm ich mehr. Ohne weitere Pausen marschierte ich mit meinen Schneeschuhen Richtung Ausgangspunkt. Der Mond stand jetzt im Zenit. In der weiß verschneiten Landschaft erschien sein Licht so hart wie das Mittagslicht der Sonne.

Am Parkplatz verabschiedete ich mich vom nächtlichen Winterparadies, und ein paar Minuten später hatte mich die Zivilisation wieder. Beziehungsweise ein Hauch von Zivilisation, denn ich war noch immer im äußersten Winkel des Bayerischen Waldes unterwegs. Nachdem ich auch das zweithöchste Mittelgebirge des Landes in der Nacht gemeistert hatte, fühlte ich mich bereit für eine Tour in den Alpen.

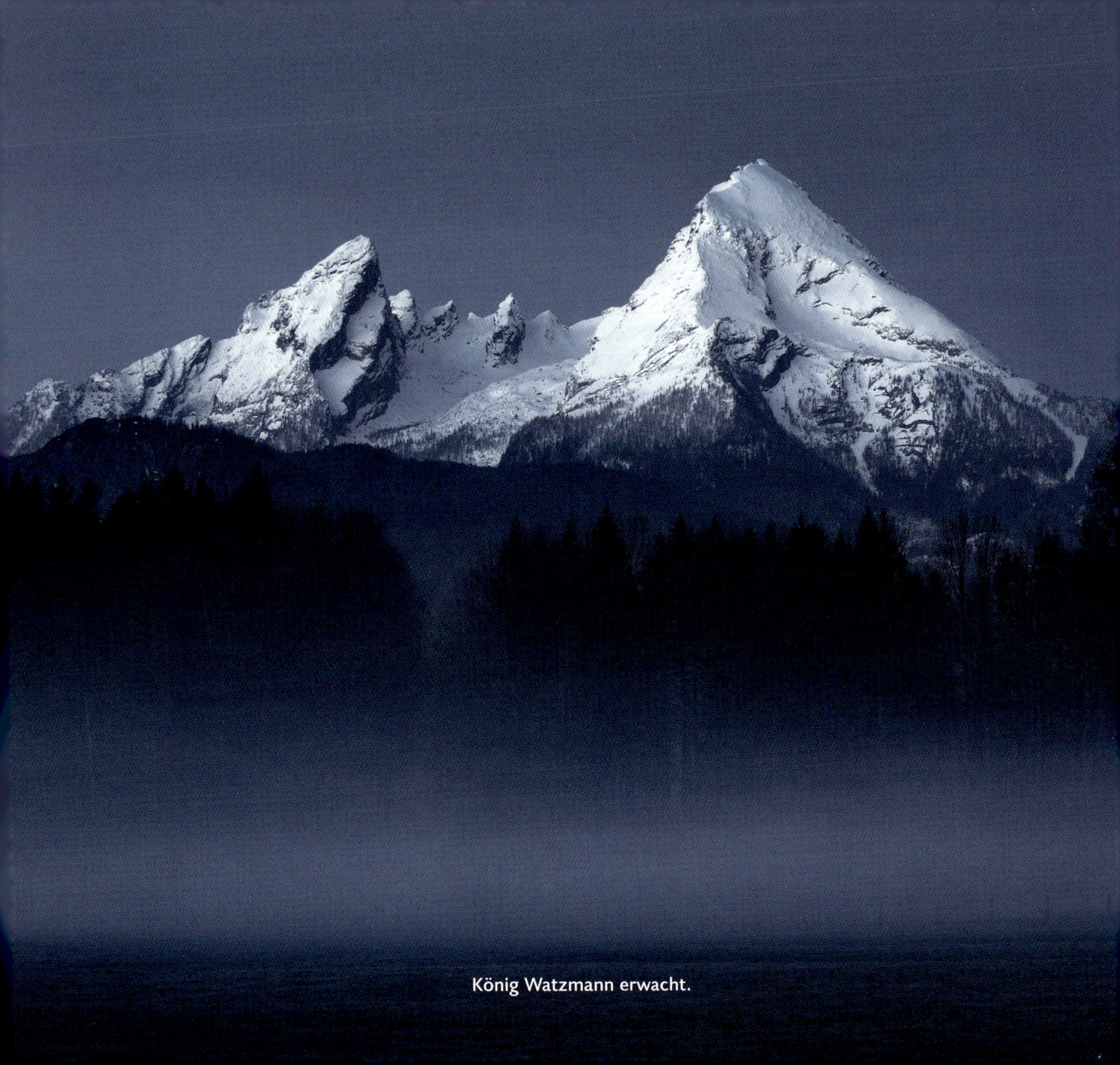

König Watzmann erwacht.

Nachtwanderung im Zauberwald

Berchtesgadener Land (Bayern)

Für die erste Waldnacht in den Alpen wartete ich aber auf das Frühjahr. Als Ziel wählte ich das Berchtesgadener Land, das alpine Paradies ganz im Südosten des Landes. Der Talkessel, der das namensgebende Städtchen Berchtesgaden umgibt, ist eine Welt für sich. Bergriesen mit klangvollen Namen wie Watzmann oder Hoher Göll reihen sich wie die Zacken einer Krone um die Region. Als Besuchermagnet gilt auch der fjordartig in die Bergwelt eingeschnittene Königssee. Ich hatte mich etwas abseits vom Trubel ein paar Kilometer entfernt im Bergsteigerdorf Ramsau einquartiert. Die greifbar nahen Berggiganten Watzmann (2713 Meter) und Hochkalter (2607 Meter) machen den Ort zu einer beliebten Basisstation bei Bergsportlern.

Für mich ist der Watzmann einer der schönsten Berge im gesamten Alpenraum. Der Doppelgipfel und die Zacken dazwischen sollen der Sage nach ein versteinerter grausamer König samt Frau und Kindern sein. Der »König Watzmann« hat die Bewohner des Berchtesgadener Talkessels seit jeher fasziniert. Wichtige Kapitel in der

Geschichte des Alpinismus wurden hier geschrieben. Auch Ramsau kam so zu Ruhm. Der legendäre aus dem Dorf stammende Johann Grill (1835–1917), auch Kederbacher genannt, durchstieg als Erster die Furcht einflößende Watzmann-Ostwand. Mit 1800 Metern Höhe nicht weniger als die höchste Felswand der Ostalpen. Der Kederbacher wurde einer der ersten Bergführer in den Bayerischen Alpen und begründete eine bis heute andauernde Tradition.

Meine nächtlichen Wanderpläne für die Gegend um Ramsau waren im Vergleich dazu etwas weniger ambitioniert. Für einen ruhigen Schlaf tagsüber mietete ich mich wieder in einer Pension ein. Als der Wecker klingelte, war es stockfinster. Ich sammelte meine Ausrüstung zusammen, trat vor die Tür und atmete tief ein. Die Kühle der Nacht vertrieb die Müdigkeit augenblicklich aus meinen Knochen. Ich spazierte durch das schlafende und menschenleere Ramsau. Vor dem Rathaus erblickte ich die Statue des Kederbachers. Der bronzene Alpinist mit seinem Kletterpickel erschien im Licht der Straßenbeleuchtung martialisch. Von seinen Gipfeln Watzmann und Hochkalter war in der Dunkelheit nichts zu erkennen.

Kurz danach erreichte ich das berühmte Barockkirchlein St. Sebastian, eine millionenfach fotografierte Idylle. Generationen von Landschaftsmalern, Postkartenherstellern und Fotografen haben sich an diesem Motiv der Berchtesgadener Alpen abgearbeitet. Doch schon ließ ich das Dorf hinter mir und folgte dem Tal der Ramsauer Ache weiter in Richtung Westen. Mein Ziel war der Hintersee. Der schönste Wanderweg dorthin führte durch den Zauberwald. Nachts im Zauberwald …

Nach einer Weile tauchte ich in einen Wald ein – es war noch nicht der Zauberwald – und ließ die Lichter der Zivilisation hinter mir. Hier in den Bergen klangen die Geräusche der Nacht ganz anders als im Flachland. Ein beständiges Murmeln und Glucksen drang an mein Ohr. Dutzende kleiner Rinnsale schienen sich im Dunkel aus den Bergflanken Richtung Tal zu ergießen. Der Geruch von nassem Laub war besonders intensiv. Ich konnte die üppige Vegetation förmlich riechen. Tau sammelte sich in kleinen Tropfen an den Spitzen der Blätter. Im Lichtkegel der Stirnlampe erschienen sie wie glitzernde Diamanten. Es war kühler, als ich erwartet hatte. Schon zeigte sich leichter Dunst im Lichtschein der Stirnlampe. Tagsüber hatte es Regen gegeben, und der Wald triefte daher noch von Feuchtigkeit.

In den Bergen ist es enorm wichtig, nachts die Schritte konzentriert zu setzen. Im Flachland dagegen kann man nächtliche Wälder auch mal abseits der Wege erkunden. Im Gebirge kann aber jederzeit am Wegesrand eine Dutzende Meter hohe Abbruchkante warten. Also ließ ich Vorsicht walten. Zumal es entlang meines Weges auch eine kleine, aber umso tiefere Klamm gab. Die Ramsauer Ache fließt hier durch die Marxenklamm. Tiefes Gurgeln kündigte sie an. Von einer kleinen Aussichtsbrücke konnte ich in der Finsternis den Wasserlauf am Grund der Klamm nur vermuten. Einzig das Rauschen aus der Tiefe dröhnte an mein Ohr. Mit der Lampe leuchtete ich die engen Felswände aus, aber der Abgrund blieb schaurig schwarz. Die Klamm war so eng, dass vor einigen Jahren ein verirrtes Kalb mit einem Kran geborgen werden musste. Übrigens überquert auch die Straße zum Hintersee die Klamm, aber kaum ein Autofahrer nimmt Notiz vom Naturdenkmal unter der Brücke.

Bei der Marxenklamm wiesen bereits große Wegweiser auf den Zauberwald hin.

Zunächst beruhigte sich der Lauf des Flüsschens wieder. Ich querte die Ramsauer Ache abermals und tauchte endlich in den angekündigten magischen Wald ein. Ein Felspfad erwartete mich in der Dunkelheit. Geht es dort tagsüber bereits abenteuerlich über Stock und Stein, auf Stegen und unter Wurzeln hindurch, so war die Begehung bei Nacht eine richtige Herausforderung. Die Natur zeigte sich von ihrer rauen Seite. Im Lichtkegel stellten sich mir immer wieder Felsblöcke in den Weg. Als hätten Riesen hausgroße Steinbrocken in diesen Winkel der Berchtesgadener Bergwelt geschleudert. Zwischen, unter und über die Felsen brauste die nächtliche Ramsauer Ache. Tagsüber wird der Pfad von Wanderern rege besucht. Doch jetzt, in der Nacht, tastete ich mich alleine zwischen den Felsen vorwärts.

Die Vorstellung von Steine schleudernden Riesen als Erklärung für die Felsen im Zauberwald war gar nicht so verkehrt. Nur dass die Riesen in Wirklichkeit die umliegenden Berge waren. Denn die fantastische Natur des Zauberwalds verdanken wir einem Bergsturz. Vor 3500 Jahren brachen fünfzehn Millionen Kubikmeter Gestein aus den Flanken des Hochkalter-Massivs ab und stürzten ins Tal. Das Felschaos entstand, und auch mein Ziel, der Hintersee, wurde durch diesen Bergsturz aufgestaut. So ist er deutlich jünger als der durch eiszeitliche Gletscher entstandene Königssee. Vor 3500 Jahren besuchten vielleicht schon Menschen das Tal. Der Bergsturz muss für sie eine Katastrophe gewesen sein. Mit dem

Klimawandel stiegen damals auch die Temperaturen im Hochgebirge, die Bergmassive wurden instabiler. Eine ähnliche Naturkatastrophe wäre auch heute denkbar. Inzwischen sind die Felsblöcke längst von dichter Vegetation überwuchert. Da sich die forstliche Nutzung in diesem unzugänglichen Gelände nicht lohnte, konnte sich ein besonders wilder Wald entwickeln. Ich war froh, dass das mich begleitende Grollen und Tosen nur vom Wasser und nicht von einem weiteren Bergsturz stammte.

Im Dunklen kam ich nur langsamer voran. Immer wieder musste ich mich ducken, wenn im Lichtkegel vor mir plötzlich Hindernisse wie Wurzeln oder Felsnasen in den Weg ragten. An einer Stelle hielt ich inne, eine winzige Bewegung am Boden hatte meine Aufmerksamkeit auf sich gezogen. Ich leuchtete mit der Stirnlampe die Umgebung aus und entdeckte sofort den Tatverdächtigen. Es war ein »Bergmandl« (Bergmännchen). Nein, dabei handelte es sich nicht um einen weiteren mythischen Bergführer, sondern um einen Lurch. Genauer gesagt kroch ein Alpensalamander zu meinen Füßen über den nassen Grund. Diese komplett schwarz gefärbten und bis fünfzehn Zentimeter langen Amphibien zeigen sich gern nach feuchtkalten Nächten während der Dämmerung. Da sie auch während eines Gewitters ihre Verstecke verlassen, wurde ihnen früher nachgesagt, dass sie das Wetter vorhersagen könnten. Eigentlich ist es andersrum. Das Wetter beeinflusst den Lebensrhythmus der Alpensalamander. Gewitter und Tau locken die Tiere aus ihren Verstecken. In den Schluchtwäldern der Mittelgebirge konnte ich auch schon häufig die auffällig schwarz-gelb gefärbten und etwas größeren Feuersalamander beobachten. Der schwarze Lurch verkroch sich in eine Steinspalte.

Da ich auf dieser anspruchsvollen Teilstrecke durch den Zauberwald länger gebraucht hatte als gedacht, war es nun Zeit für einen kleinen Endspurt. Denn ich wollte den Hintersee noch bei Dunkelheit erreichen, um dort die einsetzende Morgendämmerung und das Erwachen der Berchtesgadener Bergwelt zu erleben. Denn tagsüber ist der See kein Ort der Ruhe mehr. Die Schönheit des Gewässers hat sich mittlerweile zwischen Castrop-Rauxel und Peking herumgesprochen.

Ich passierte die letzten Kaskaden im Zauberwald und erreichte den Uferweg am Hintersee. Knapp über der Wasseroberfläche hatte sich flacher, aber dichter Nebel gebildet. Gleichzeitig funkelten am Himmel die Sterne, woraus ich auf einen sonnigen Tagesbeginn schloss. Am Seeufer war es nochmals kälter. Im Licht der Stirnlampe verschmolzen Nebelschwaden mit meiner Atemluft. Stille lag über dem See, noch nicht mal das sonst allgegenwärtige Schnattern der Enten war zu vernehmen. Nur das Licht der Hotels am gegenüberliegenden Ufer schimmerte sanft durch den Nebel.

Nach einigen Minuten hatten sich meine Augen an die Dunkelheit gewöhnt, und ich folgte dem geschotterten Pfad, der sich wie ein helles Band um den See wand. Da die Orientierung auf dem hellen Belag gut klappte, verzichtete ich auf die Stirnlampe. Anziehungspunkt am Nordufer des Hintersees sind einige große Felsblöcke im Wasser, auf denen einzelne fotogene Fichten wachsen. Auch diese Miniaturinseln waren Zeugen des bereits erwähnten Bergsturzes. Wildromantisch ist der Blick zwischen den Felsen hindurch zum Bergmassiv des Hochkalters. Früher standen hier am Ufer die Staffeleien der Maler, heutzutage die Stative der Fotografen. Zu dieser frühen Uhrzeit

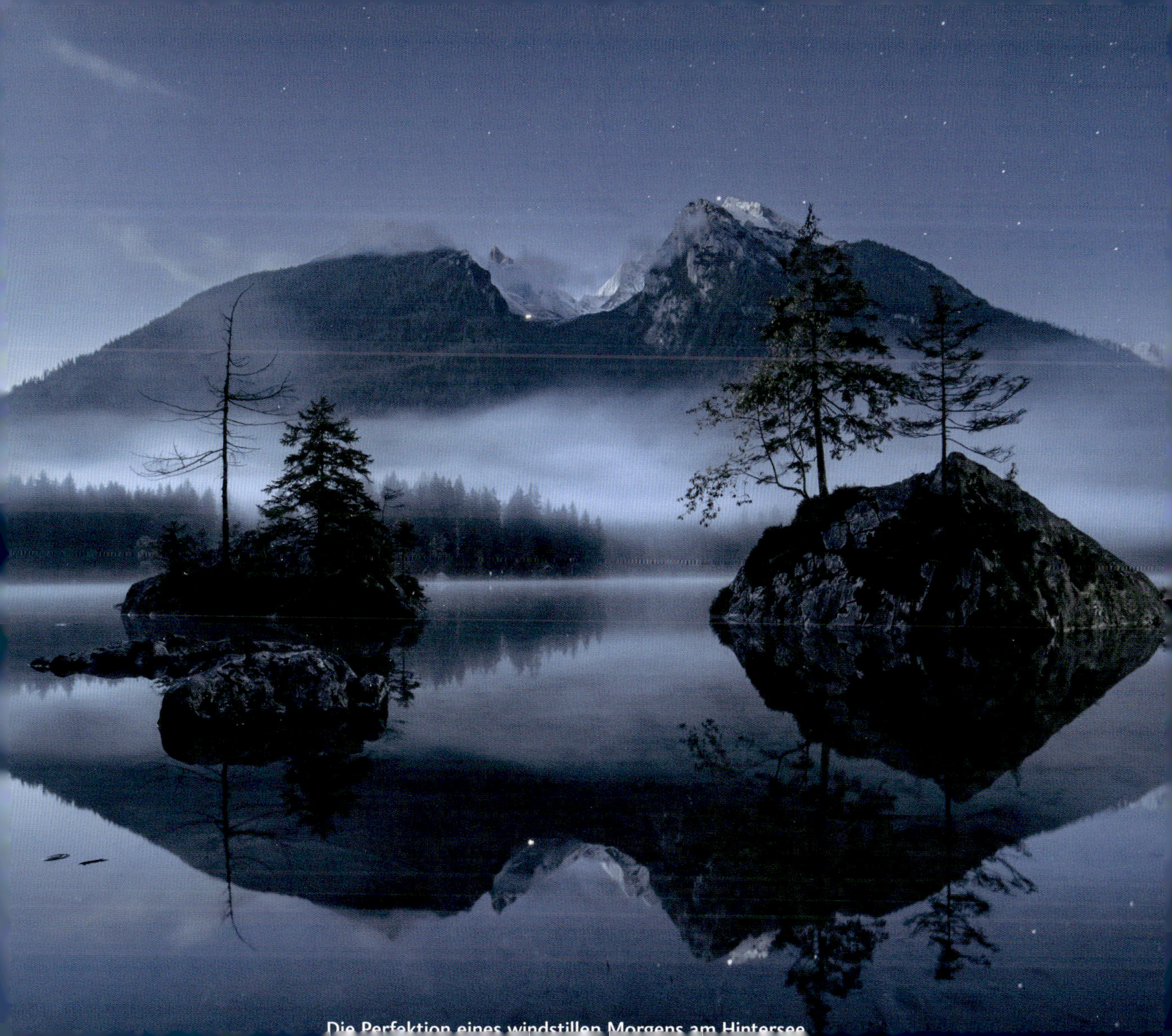

Die Perfektion eines windstillen Morgens am Hintersee

war ich aber als Einziger zu Gast bei der Natur. Geheimnisvoll lag der dunkle Spiegel des Hintersees vor mir.

Die Mystik der Nacht umgarnte mich. Wie ich so auf das stille Wasser und in den Nebel hinausblickte, fühlte ich mich an die Insel Avalon erinnert. König Artus traf in meinen Gedanken auf König Watzmann. Waren die Lichter gegenüber noch die Außenbeleuchtung des Hotels oder doch die Laternen der Boote, die von Avalon zu mir übersetzten? Durch den Nebelschleier wirkten selbst die erleuchteten Gebäude am Seeufer nicht fehl am Platz. Ich ließ mich vom Kunstlicht aber nicht ablenken und betrachtete den Nachthimmel. Das Hochkalter-Massiv zeichnete sich langsam in tiefem Schwarz vom Sternenhimmel ab. Der Berg ist gleichsam der Wächter über dem Hintersee und wird trotzdem gern mit dem Watzmann verwechselt.

Minute für Minute konnte ich die Zackengrate der Berggipfel besser erkennen. Die Dämmerung hatte längst eingesetzt. Gleichzeitig verschwand ein Stern nach dem anderen vom Nachthimmel. Noch immer stand ich am Ufer und blickte hinaus aufs Wasser, den flüchtigen Nebelschwaden hinterher. Eine meditative Erfahrung. Meine Kamera hatte ich inzwischen samt Stativ aufgebaut. Ich konnte das nahe Ende der Nacht förmlich fühlen, mit jedem Augenblick regte sich mehr Leben rund um den See. Die Vögel im Wald hinter mir und auf dem Wasser wurden munter. Aber auch weitere Menschen hatten sich auf den Weg zum See gemacht. Eine Langzeitbelichtung wurde von Scheinwerferlicht unterbrochen. Das erste Auto an diesem Morgen fuhr die Straße am gegenüberliegenden Ufer entlang. Noch viele weitere würden folgen. Bergsteiger, Spaziergänger und Fotografen. Es hatte sich herumgesprochen, dass der frühe Vogel weniger im Stau steht. Ich atmete tief ein und seufzte. Früher war es ruhiger in der Natur. Heute erlebt man die Stille an manchen Orten nur noch nachts, wenn sich die Dunkelheit wie ein Mantel des Schweigens über die Landschaft legt.

Die Betriebsamkeit nahm zu. Schon näherte sich das Licht einer Taschenlampe meiner Position am Seeufer. Schritte. Lautes Atmen. Nach Stunden in der nächtlichen Einsamkeit kam mir der erste Mensch an diesem Morgen vor wie ein Ungetüm, das lautstark durchs Unterholz bricht. Ich blieb auf meinem Felsen stehen. Es war tatsächlich ein Fotografenkollege. Durch das Licht seiner Stirnlampe nachtblind geworden, rief er zaghaft »Hallo?« in die Nacht. Ich grüßte kurz und bat darum, das Licht doch ein wenig zu dimmen. Dann wendete ich mich wieder der Kamera zu und versuchte die Bäume auf den Felsinseln in der Morgendämmerung festzuhalten.

In den letzten Jahren war Landschaftsfotografie zum Volkssport geworden. Nicht zuletzt dank sozialer Medien wie Instagram. Auch an diesem Morgen sollte es voll werden am Hintersee. Ein Fotograf nach dem anderen tauchte auf. Die meisten tummelten sich auf gefühlt nur fünf Metern des Uferstreifens, um die »klassische« Ansicht der Felsinseln samt Hochkalter festzuhalten. Ich stand etwas abseits und suchte nach neuen Kompositionen. Kurz vor Sonnenaufgang waren dann tatsächlich zwei Dutzend Fotografen vor Ort. Vor fünf Jahren wäre man noch fast allein gewesen. Menschen- und Stativbeine waren ineinander verschlungen. Ich fühlte mich an die griechische Laokoon-Gruppe erinnert. Unruhe machte sich breit. Daher ging ich weiter auf Abstand, irgendwie kam ich nach der nächtlichen Stille überhaupt nicht mit diesem Trubel klar. Ich konzentrierte mich lieber auf die Natur.

Was dann passierte, war absehbar. Ich hörte nur ein lautes »Platsch!«, gefolgt von hektischem Durcheinandergerede, und blickte hinüber zum Fotografen-Pulk. Den Gesprächsfetzen, die zu mir herüberschallten, entnahm ich, dass ein Fotograf samt Kamera in den See gefallen war. Der Super-GAU an so einem tollen Morgen. Es kam zum Streit zwischen den dicht gedrängten Kollegen. Der Sturz ins Wasser hatte einem anderen Fotografen anscheinend die Aufnahme einer perfekten Spiegelung zerstört. Drama Queens am Seeufer. Zum Glück stand ich im Abseits und lächelte diese negative Energie einfach weg. Eigentlich sollte Landschaftsfotografie doch Entspannung und Kontemplation sein.

Jedoch stehen Fotografen in der heutigen Zeit stärker unter Erfolgsdruck als noch vor ein paar Jahren. Die »Gefällt-mir-Ökonomie« der sozialen Plattformen hat dazu beigetragen. Der Ton ist rauer geworden, und das Platzangebot an den begehrten Locations geringer. Manchmal habe ich das Gefühl, dass es nur noch um die Jagd nach Motiven geht, die in den sozialen Medien eine möglichst hohe Anzahl an »Likes« generieren und nicht mehr um die Schönheit der Natur an sich.

Ich entfernte mich noch weiter vom großen Haufen. Schon an der nächsten Bucht des Hintersees wartete wieder die Stille des Waldes auf mich. Dort genoss ich den Sonnenaufgang. Schnell lichteten sich die letzten Nebelfelder. Zunehmend bevölkerten auch Wanderer und Nordic-Walking-Gruppen den Rundweg um den See.

Mein Tag, oder besser gesagt »meine Nacht«, neigte sich dem Ende zu. Der Rückweg war ein angenehmer Spaziergang. Jedoch wirkte der Zauberwald bei Sonnenlicht nicht mehr ganz so magisch wie in der Nacht. Schließlich erreichte ich wieder das

Bergsteigerdorf Ramsau. Im Vorübergehen grüßte ich nochmals die Statue des Bergführers Kederbacher mit leichtem Nicken. Vielleicht hätten wir uns gut verstanden. Aber jetzt holte mich die Müdigkeit doch ein. Zum Glück hatte ich ja mein Zimmer in der Pension. Ich verdunkelte die Fenster, um Schlaf nachzuholen. Innerhalb weniger Augenblicke war ich eingeschlafen und träumte von Watzmännern, Kederbachern und einer Hochkalter-Erstbesteigung. Ja, das Berchtesgadener Land bot einem so manches Abenteuer.

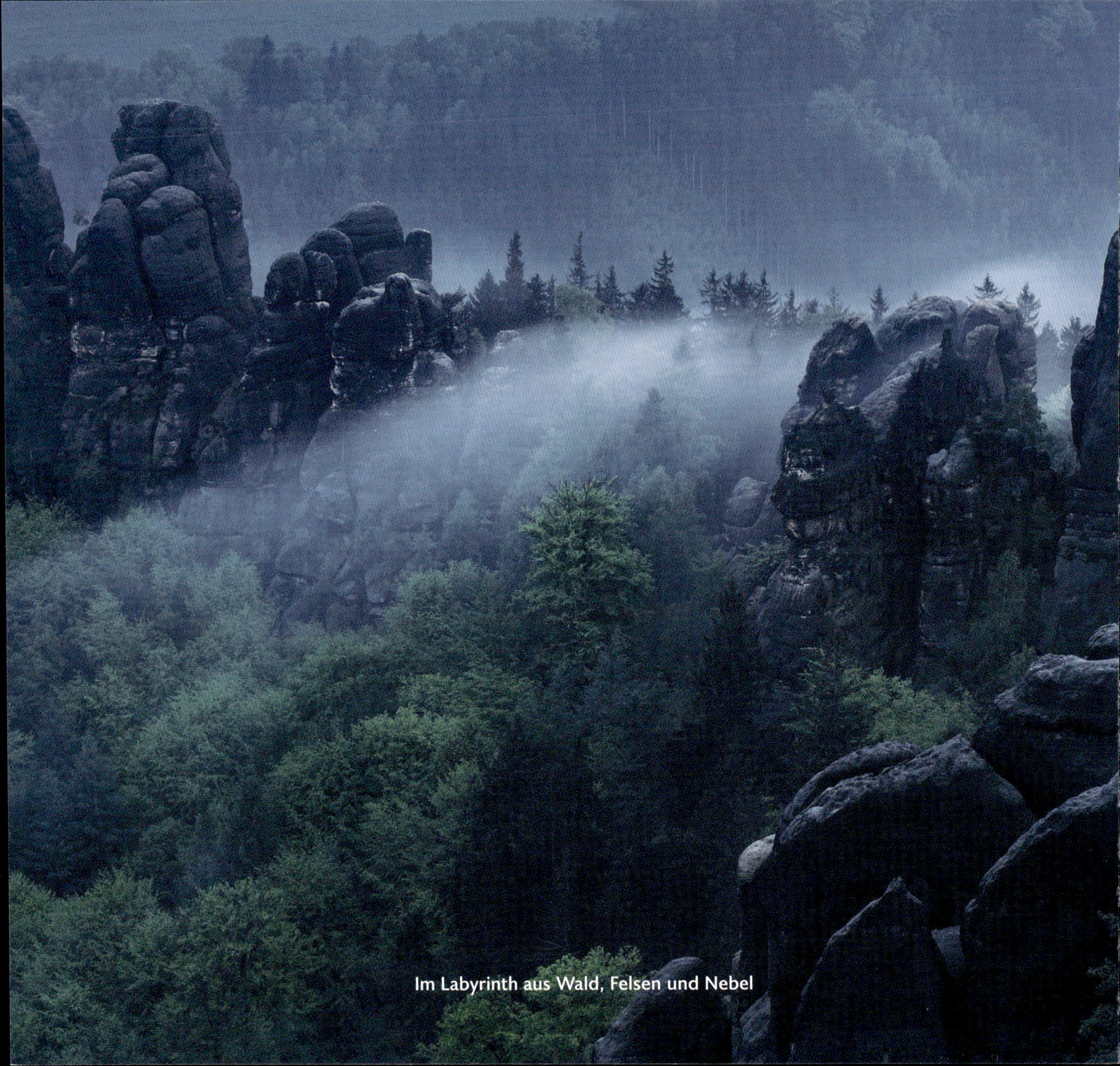

Im Labyrinth aus Wald, Felsen und Nebel

Der Tanz der Glühwürmchen

Sächsische Schweiz (Sachsen)

Die Alpen bieten sicherlich die eindrucksvollsten Naturszenarien Deutschlands. Die spektakulärste Landschaftskulisse in den Mittelgebirgen zu küren, ist dagegen gar nicht so einfach. Jede Region hat ihren eigenen Reiz. Aber nur wenige Gebiete außerhalb der Alpen bieten so atemberaubende Felslandschaften wie die Sächsische Schweiz. Die auch als Elbsandsteingebirge bekannte Landschaft liegt im Süden Sachsens und setzt sich jenseits der tschechischen Grenze als Böhmische Schweiz fort. Gerade internationale Besucher sind vom Namen »Sächsische Schweiz« verwirrt, da die Schweiz ja doch ein paar Kilometer von Sachsen entfernt ist. Auch ein Hochgebirge sucht man in der Nähe von Dresden vergeblich. Der Beiname »Schweiz« rührt daher, dass im 19. Jahrhundert mit dem beginnenden Tourismus in der Schweiz zuerst eher liebliche Landschaften entdeckt wurden – weniger die schroffen Felswüsten der Hochgebirge. »Schweiz« wurde zum Qualitätsbegriff. Im Deutschen Kaiserreich verwendete man ihn beinahe inflationär, um die natürliche Schönheit bestimmter Regionen ebenfalls hervorzuheben. Man hoffte so, Gäste zur Sommerfrische anzulocken. Sogar vor einer »Verschweizung« der Landschaften wurde gewarnt. Es gibt heute noch über hundert Schweizen in Deutschland, darunter zum Beispiel die Fränkische Schweiz zwischen Nürnberg und Bayreuth. Erst später gelangte dann das eigentliche Hochgebirge in den Fokus der Alpinisten, sodass die vielen Schweizen im deutschen Flach- und Hügelland heute mitunter Verwunderung hervorrufen.

Wobei die Sächsische Schweiz mit ihren Felsbastionen durchaus alpines Flair verströmt. Südlich von Dresden hat sich die Elbe tief in Sandstein eingeschnitten und wird daher auf beiden Uferseiten von Tafelbergen und Felsriffen begleitet. Am bekanntesten ist sicherlich die Bastei, ein Aussichtspunkt samt Felsbrücke, der sich zwischen der Stadt Wehlen und dem Kurort Rathen oberhalb der Elbe erhebt. Zu den viel besuchten Felsformationen gehören auch die Schrammsteine. Eine Vielzahl von Pfaden und Steigen führt auf verschiedenen Ebenen um diese gigantische Felsenlandschaft herum.

Nachdem ich schon einige Tage im Nationalpark Sächsische Schweiz unterwegs gewesen war, spekulierte ich noch auf ein paar gute Aufnahmen von den Schrammsteinen aus. Aber so richtig konnte ich mich an jenem überraschend schwülen Tag nicht zum Aufbruch entscheiden. Aufziehende Gewitter bereiteten mir Sorgen. Von einem Supermarktparkplatz in Bad Schandau beobachtete ich den Himmel und die Felsbastionen oberhalb der Elbe. Dabei kam ich mit einem jungen Italiener ins Gespräch, der ebenfalls zum Fotografieren ins Elbsandsteingebirge gereist war. Wir plauderten über die Bedingungen und ob es sich noch lohnen würde, zu einer Abendtour aufzubrechen. Fernes Donnergrollen bezeugte Gewitteraktivität. Am späten Nachmittag zog eine Zelle tatsächlich von Dresden aus das Elbtal entlang nach Süden. Intensiv verfolgte ich ihre Zugbahn, und als ich mir sicher war, dass die Gewitterzelle das Gebiet um die Schrammsteine höchstwahrscheinlich nicht erreichen würde, entschieden sich mein neu gewonnener italienischer Foto-Amigo und ich uns für eine abendliche Tour.

Der Aufstieg auf die 417 Meter hohen Schrammsteine ist besonders bei Sonnenuntergang vielversprechend. Vom Parkplatz im Zahnsgrund startend, ging es über den dunklen Schießgrund über reichlich Stufen dem Ziel entgegen. Da bis Sonnenuntergang nicht mehr viel Zeit war, übertrieben wir es etwas mit dem Tempo und erreichten völlig außer Atem den Elbleitenweg. Zum Glück verlief dieser relativ eben, sodass wir neue Kräfte sammeln konnten.

Das monolithische Massiv des Falkensteins ließen wir links liegen. Schon tauchten vor uns die ersten Ausläufer der Schrammsteine auf. Als Kletterer hätten wir einfach die senkrechten Felswände erklimmen können. Auf normale Wanderer wartete dagegen noch eine längere Wanderung zur Rückseite des Massivs. Beim Schrammtor, einer sandigen Engstelle zwischen den himmelhohen Felswänden, verließen wir den breiten Elbleitenweg und tauchten tiefer ins Felslabyrinth der Schrammsteine ein. Mittlerweile war auch das Gewitter näher gekommen als gedacht, und nicht ganz planungsgemäß kriegten wir sogar ein paar Tropfen ab. Rötliches Licht streifte dabei das Blätterdach des uns umgebenden Buchenwalds. Die untergehende Sonne musste also von Westen her schon unter den Wolken durchscheinen. Endlich standen wir vorm Einstieg zum Wildschützensteig. Die im Elbsandstein »Stiegen« genannten Aufstiegshilfen bringen auch die Wanderer auf die höheren Etagen der Felsen. Schmalste Leitern und Treppenanlagen führen durch Felsspalten und -kamine bis in luftige Höhen. Abenteuerliche Klettereinlagen sind in der Sächsischen Schweiz garantiert.

Bevor wir aber mit festem Griff begannen, den Wildschützensteig hochzusteigen, lauschten wir vorsichtshalber noch mal dem Donner des Gewitters und kontrollierten die Positionen der letzten Blitzeinschläge auf unseren Smartphones. Meine Erfahrung sagte mir: nah, aber nicht zu nah. Also weiter. Ein wenig mulmig war mir schon zumute auf den eisernen Stufen der Stiege. Zwischen den Felsen war es bereits recht duster, sodass sich unsere italienisch-deutsche »Seilschaft« auf den letzten Höhenmetern beeilen musste, um rechtzeitig zum Sonnenuntergang auf den Schrammsteinen zu sein.

In letzter Minute erreichten wir den Aussichtspunkt. Wenn man nicht gerade von Nebel eingehüllt wird, ist der Fernblick hier oben spektakulär. Auch den einzeln stehenden Felsturm des Falkensteins konnten wir im Waldmeer ausmachen. Unter uns schlängelte sich die Elbe durch Südsachsen. Auf der anderen Seite des Flusses konnte man einige Tafelberge hinter einem Vorhang aus Gewitterregen erahnen. Der Formenschatz der Felsen im Elbsandsteingebirge kennt keine Grenzen. Die Zinnen und Türmchen sind mit krummen Kiefern geschmückt, die sich mit ihren Wurzeln an extreme Wuchsstandorte klammern. Zwischen den Felsen tun sich dagegen jähe Abgründe auf, mit tief eingeschnittenen Schluchten und dunklen, feuchtkalten Felskaminen. Der Höhenunterschied der Wanderung mutete auf der kurzen Strecke durchaus alpin an. Die Elbe floss 250 Höhenmeter unter uns.

Der Tag ging schnell zur Neige. Wir bauten eilig unsere Stative und Kameras auf.

Kurz vor Sonnenuntergang veränderte sich die Farbe des Himmels, und wir erlebten eine einmalige Stimmung. Die untergehende Sonne beleuchtete die Regenschleier der Gewitterwolken, und die Landschaft begann im flachen Licht golden zu leuchten. Genau auf solch eine Stimmung hatten wir gehofft. Nur: Das magische Licht verschwand innerhalb weniger Sekunden so schnell, wie es erschienen war. Doch ein paar Aufnahmen waren immerhin möglich.

Wir genossen den hereinbrechenden Abend. Die Orte und Eisenbahnlinien unten am Elbufer schauten von hier oben wie eine Spielzeuglandschaft aus. Der Himmel klarte vollständig auf, und im Dämmerlicht der Blauen Stunde konnten wir sogar die Großstadtlichter Dresdens erkennen. Aber unser Interesse galt eher dem Schauspiel, das sich zu unseren Füßen im Elbtal zusammenbraute. Nach dem Gewitterguss war die Luftfeuchtigkeit immer noch sehr hoch, sodass sich schnell Nebelfelder bildeten. Einzelne Nebelfahnen zogen die Hänge herauf. Wie Schlangen krochen die weißen Schleier zwischen den Felstürmen hindurch. Eine riesige Nebelwelle überspülte sogar das gesamte Schrammsteinmassiv. Wir wurden Zeugen unglaublicher Momente. Der dichte Laubwald am Fuß der Felsen verschwand mehr und mehr im Nebel. Nur die krummen Kiefern, die sich mit ihren Wurzeln zwischen den höchsten Felsen ein karges Überleben sicherten, zeichneten sich vom Abendhimmel ab. Nach und nach wurde das blaue Licht der Dämmerung vom Schwarz der Nacht abgelöst.

Zu lange wollten mein italienischer Begleiter und ich jedoch nicht mehr hier oben verweilen, denn das Übernachten im Nationalpark Sächsische Schweiz ist verboten. Nur Kletterern ist es erlaubt, unter speziell gekennzeichneten Felsüberhängen und in

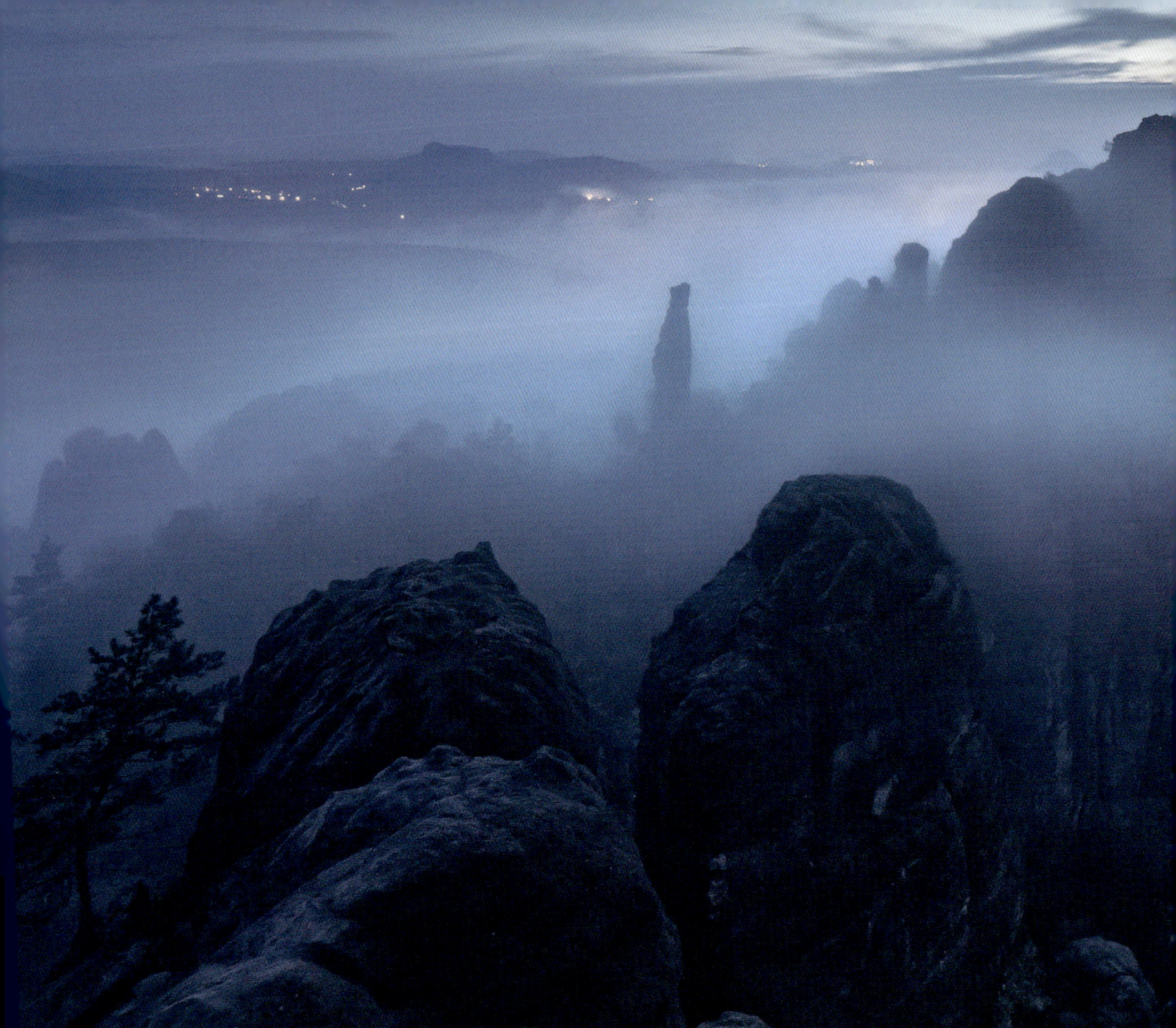

Nebel überströmt die Schrammsteine, Sächsische Schweiz

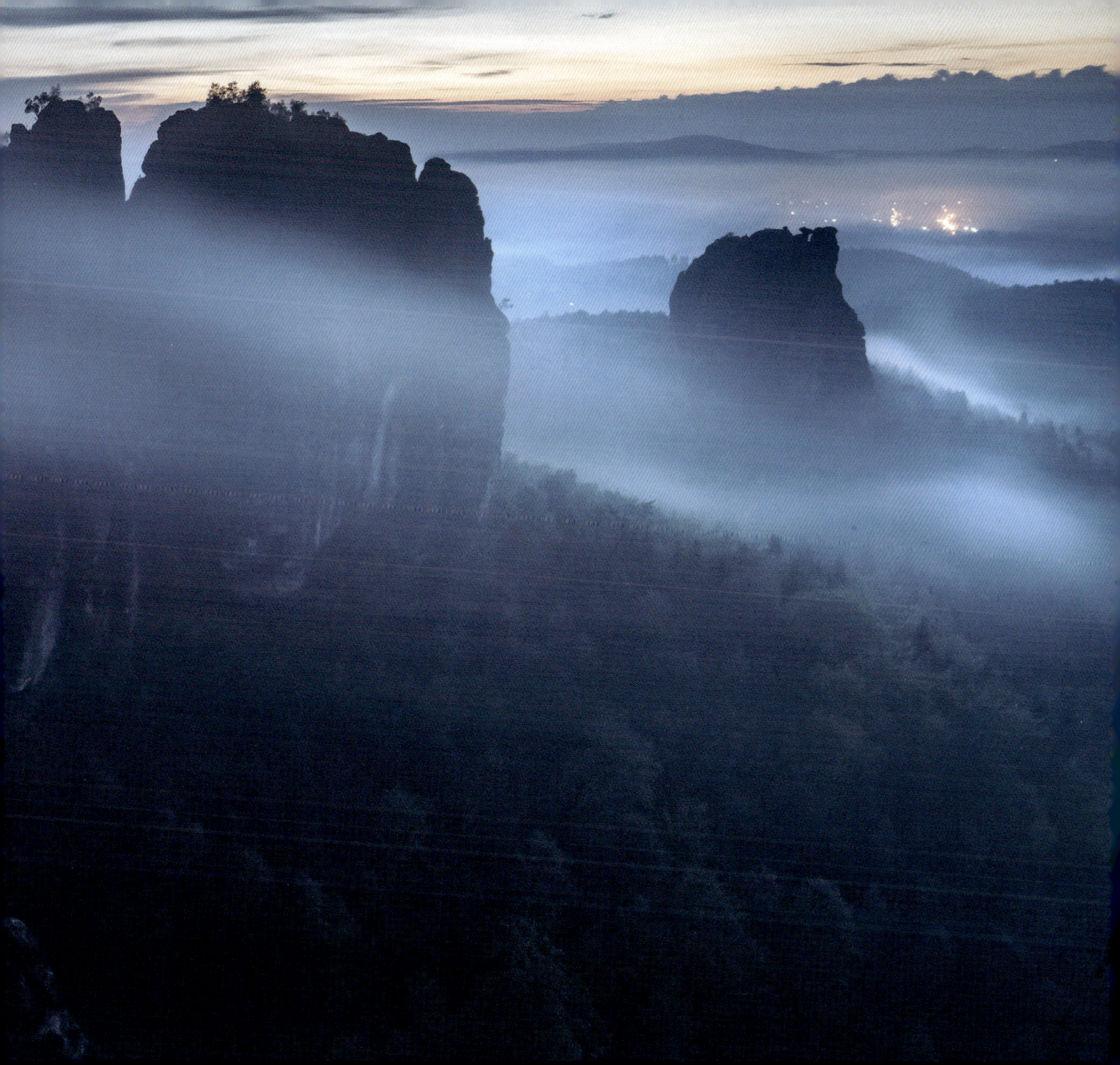

Höhlen – den Boofen – zu biwakieren. Mit Klettern ist aber nicht das Benutzen der Stiegen gemeint.

Die aufsteigenden Nebel schienen im fahlen Licht der Nacht zusehends nach den Schrammsteinen zu greifen. Es war Zeit für den Rückweg. Die dunklen Felsspalten rochen modrig, nach Farn und Moos. Der Abstieg auf dem Wildschützensteig war im Dunkeln anstrengender als beim Aufstieg, da die zwanzig Kilogramm Fotoausrüstung auf den Schultern doch ein wenig nach unten drückten. Daher: höchste Konzentration! Aber wir kamen beide heil unten an. Der restliche Weg zurück zum Parkplatz war dann einfacher zu laufen.

An der Abzweigung zum Falkenstein fiel mir ein durch das Unterholz fliegender Lichtpunkt auf. Tatsächlich, ein Glühwürmchen. Den Leuchtkäfer hatte ich an dieser Stelle nicht erwartet. Aber schon hatte sich das Insekt wieder in der Dunkelheit verloren. Über den Schießgrund ging es zurück zum Parkplatz, wo ich meinem Fotografenkollegen »Ciao!« sagte. Die Sichtung des Glühwürmchens ließ mir keine Ruhe, und ich machte mich auf die Suche nach weiteren Vertretern der leuchtenden Insekten. Schon bald wurde ich an einem fast von Gebüsch zugewachsenen Waldweg fündig. Sachsen ist Glühwürmchenland. Bei meinen früheren sommerlichen Touren im Elbsandsteingebirge waren mir nachts schon häufiger Glühwürmchen aufgefallen. In den Auen entlang von kleinen Bächen und Flüssen oder an krautigen Böschungen nahe der Wanderwege. Besonders eine Tour im Bielatal war mir in Erinnerung geblieben. Außerhalb des Nationalparks auf der gegenüberliegenden Seite der Elbe gelegen, wird das Tal zwar viel von Kletterern frequentiert, aber bei den meisten Wandertouristen ist es noch ein

Geheimtipp. Dabei ist ein Besuch durchaus lohnend. Es locken 239 Felstürme, Gipfelchen und Zacken. Die Klettergemeinde nimmt oben Platz, die Wanderer bewundern die surrealen Felsgestalten wie die Herkulessäulen von unten.

Damals war ich im Seitental des Dürre Biele genannten Bächleins unterwegs gewesen und machte mich am Übergang von der Dämmerung zur Nacht auf den Rückweg. Wie üblich konzentrierte ich mich darauf, meine Schritte im Lichtkegel der Stirnlampe sicher zu setzen, aber im Augenwinkel weckte plötzlich ein Lichtpunkt meine Aufmerksamkeit. Ich schaltete das Kunstlicht aus und spähte in die Dunkelheit. Auch hier fing alles mit nur einem schwärmenden Glühwürmchen an. Aber je weiter ich in den Talgrund des Hauptbachs Biela abstieg, desto mehr Lichtpunkte schwebten auf eigensinnigen Bahnen durch den Wald. Schließlich war ich von Dutzenden Glühwürmchen umgeben, die meinen Weg durch das Bielatal wie eine lebendige Lampionkette begleiteten.

Aufgrund dieses Erlebnisses machte ich mich im Internet über Glühwürmchen schlau und stellte fest, dass es zwischen 2007 und 2009 in Sachsen eine groß angelegte Glühwürmchen-Suchaktion gegeben hatte. Niemand wusste zu dem Zeitpunkt, wie häufig die leuchtenden Insekten überhaupt vorkamen, weil kaum noch jemand ohne elektrisches Licht in der Nacht unterwegs war. Die meisten Menschen konnten sich nur noch an Sichtungen während ihrer Kindheit erinnern. Unter dem Motto »Wo tanzt das Glühwürmchen?« zogen freiwillige Helfer in ganz Sachsen los. Die Aktion war ein Riesenerfolg, an fast 4000 Stellen konnten Glühwürmchen beobachtet werden. An zweiundvierzig Orten hatte man sogar über 1000 Glühwürmchen innerhalb einer Nacht beobachtet.

Der Name »Glühwürmchen« ist übrigens ein wenig irreführend, da es sich bei ihnen um keinen Wurm, sondern um Käfer handelt. Die heimischen Leuchtkäfer, wie Glühwürmchen auch genannt werden, sind relativ einfach zu identifizierende Insekten. Zumindest die Männchen. Denn ihre Fähigkeit, im Flug zu leuchten, ist einzigartig. Die Weibchen sind flugunfähig, senden aber auch Lichtsignale aus, um die Männchen zur Paarung anzulocken. Wobei Glühwürmchen ähnlich wie Eintagsfliegen mehrere Jahre ihres Lebens als Larve verbringen. Als Käfer bleiben ihnen nur wenige Tage Lebenszeit, allein zum Zweck der Fortpflanzung. Ein paar wilde Nächte zur Arterhaltung sozusagen. Die Larve der Glühwürmchen ist übrigens ein großartiger Schneckenjäger – was manchen Hobbygärtner überraschen dürfte. Es kann sich also lohnen, für Glühwürmchen eine dunkle, zugewachsene Ecke im Garten zu schaffen.

Das nächtliche Schwärmen der Glühwürmchen findet jedes Jahr Ende Juni rund um den Johannistag seinen Höhepunkt. Um Glühwürmchen zu finden, muss man sich zunächst überlegen, wo die Beute der Larven – also Schnecken – vorkommen. Große Chancen hat man dort, wo die Luftfeuchtigkeit relativ hoch ist. Schattige Bereiche mit Laubbäumen und einer krautigen Unterschicht mit weichem Boden sind vielversprechend. Das können Auwälder, aber auch Parkanlagen und Friedhöfe sein. Hat man einen potenziellen Lebensraum ausgemacht, muss man nur noch Ende Juni zur passenden Uhrzeit sein Glück versuchen. Denn die leuchtenden Männchen sind keineswegs die ganze Nacht unterwegs. Die besten Chancen zur Beobachtung ergeben sich von halb elf Uhr abends bis Mitternacht. Wobei die Trockenheit der letzten Jahre vermutlich sowohl der Schneckenpopulation als auch den Leuchtkäfern zugesetzt hat.

Das Geheimnis hinter dem Leuchten der Glühwürmchen ist – wie schon beim Hallimasch – Biolumineszenz. Durch chemische Prozesse im Körper der Insekten reagiert der Leuchtstoff Luciferin, und es entsteht Energie, die in Licht umgewandelt wird. Die Natur hat diese Prozesse so perfektioniert, dass bis zu 60 Prozent der Energie in Licht umgewandelt wird. Im Gegensatz zu Glühlampen (mit einer Energieeffizienz von ungefähr fünf Prozent) werden Glühwürmchen daher nicht heiß. Selbst verursachte Überhitzung wäre für das Überleben wahrscheinlich auch ungünstig…

Glühwürmchen und Hallimasch sind besonders faszinierende Lebewesen aus dem Reich der Nacht. Ohne die sie umgebende Dunkelheit würden sie uns jedoch kaum auffallen. Die Nacht selbst bildet die Bühne, auf der die natürliche Biolumineszenz zur eindrucksvollen Lichtshow wird. Wo dagegen Kunstlicht den natürlichen Eindruck der Nacht überstrahlt, nehmen wir diese kleinen Lichtwunder nicht mehr wahr. Ebenso verhält es sich mit dem Sternenhimmel. Je mehr Lichtverschmutzung durch Kunstlicht, desto weniger Sterne sind zu sehen. Nur der Mond als größte natürliche Lichtquelle am Nachthimmel ist hell genug, um noch im Lichtermeer nächtlicher Städte aufzufallen. Es gibt aber auch eine seltene Gelegenheit, bei der es sich lohnt, den Mond aus einer möglichst dunklen Umgebung zu beobachten. Eine derartige einmalige Gelegenheit führte mich ins Hochgebirge der Allgäuer Alpen.

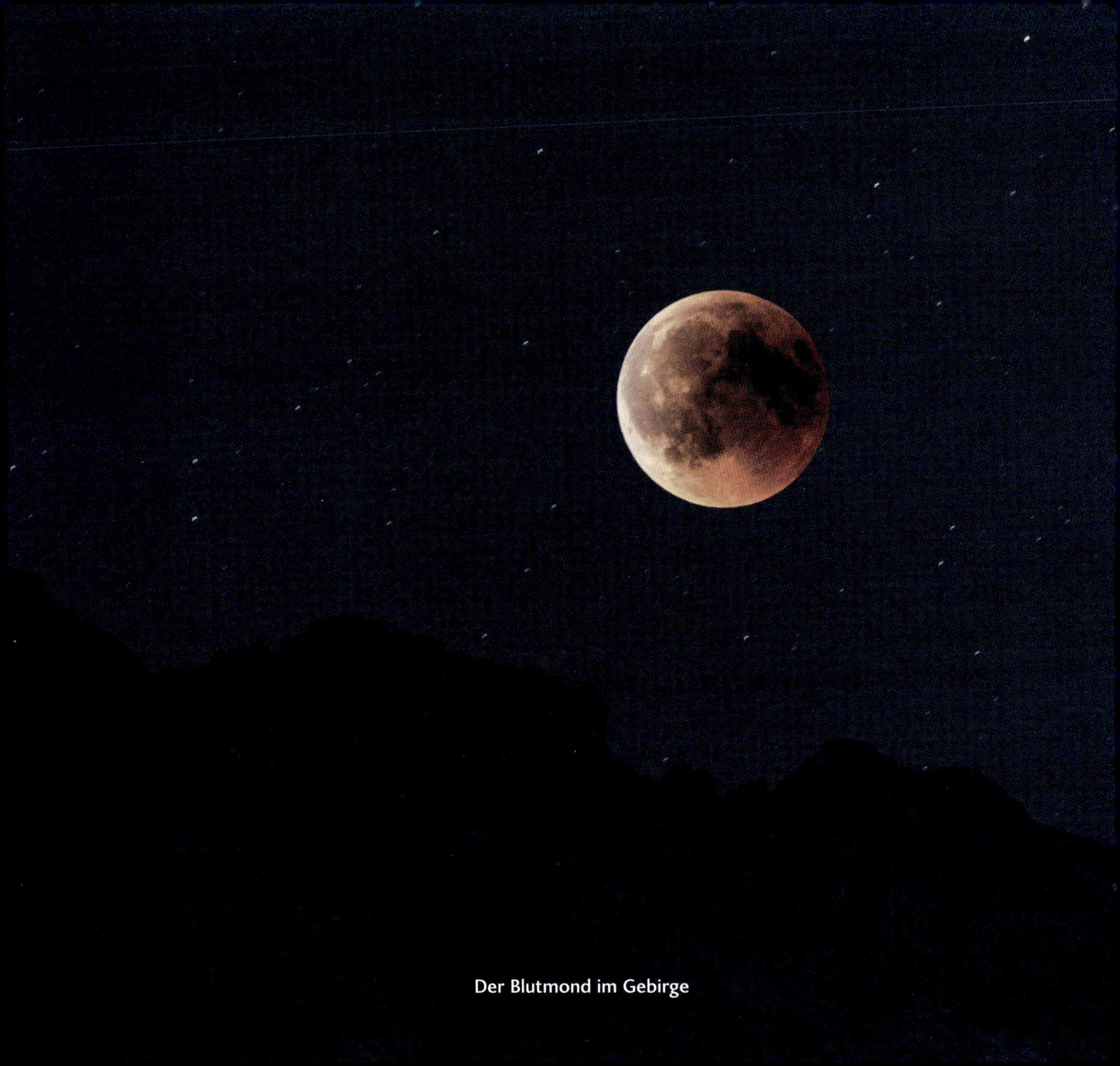

Der Blutmond im Gebirge

Die Blutmond-Nacht

Allgäuer Alpen (Bayern)

Im Gebirge haben die vielen Höhenmeter und längeren Strecken schon immer zu Übernachtungen vor Ort geführt. Die nächtlichen Auf- und Abstiege sind einfach oft zu riskant. Mein besonderes Interesse gilt den spannenden Motiven im Bereich von Wald- und Baumgrenze. Die uralten Zirben und Lärchen im Hochgebirge gehören zu den ältesten Bäumen Mitteleuropas. Neben Dolomiten und Karwendel zählen die Allgäuer Alpen zu meinen bevorzugten Revieren. In großen Teilen als Naturschutzgebiet geschützt, ist dort das freie Übernachten – außer bei Notsituationen – nicht erlaubt. Dennoch musste ich in den Allgäuer Alpen – unfreiwillig – bereits zwei Nächte im Gebirge verbringen. Einmal bei meinem ersten Besuch am Schrecksee, einem der schönsten Bergseen der gesamten Alpen. Eine Graslandschaft, die eher an Schottland als an das Allgäu erinnert, umgibt das Gewässer. Eine kleine Insel in der Mitte des Sees vervollständigt das Idyll. Kurioserweise finden sich auf der Insel die einzigen Bäume rund um den See, da sie dort vor Verbiss geschützt sind. Fast ein Jahrzehnt ist dieser erste Besuch jetzt her. Fotografisch gesehen war die Tour damals keine Erfolgsgeschichte, aber eine Lehrstunde hinsichtlich alpiner Naturgefahren.

Mein ursprünglicher Plan war eine Halbtagestour gewesen – rauf, ein paar Aufnahmen, runter. Von Hinterstein ging es zunächst durch das gleichnamige Tal und dann tausend Höhenmeter steil empor bis zum Schrecksee. Trotz zwanzig Kilogramm Foto- und Wandergepäck auf dem Rücken strebte ich einen möglichst schnellen Aufstieg an. Wobei es gerade das letzte Drittel des Weges in sich hatte. Eine steile Steilstufe musste überwunden werden. Oberhalb von 1600 Metern lag in den Mulden teils noch knietief Schnee, sodass ich nur mühsam vorankam. Endlich am See, musste ich enttäuscht feststellen, dass der wegen seiner Lage in einer nordwärts ausgerichteten Karmulde selbst im Frühsommer noch komplett schneebedeckt war. Zum Glück gab es aber an den Ufern bereits schneefreie Bereiche, und die Temperaturen an diesem Tag waren frühsommerlich.

Vom Aufstieg war ich so erschöpft, dass ich nur kurz Augen für die Schönheit der Bergwelt hatte und auf einem Hügel in Seenähe einschlief. Der dort schneefreie Untergrund war von der Frühlingssonne bereits erwärmt worden, sodass das Ganze zunächst wie ein gemütliches Nickerchen im Freien begann. Noch nicht einmal die Kamera hatte ich hervorgeholt, so müde war ich und schlief innerhalb von Sekunden ein. Ich konnte nicht genau sagen, wie lang ich da lag, aber als ich aufwachte, spürte ich als Erstes dicke Tropfen, die mir ins Gesicht fielen. Sofort war ich hellwach. Regentropfen aus zuvor heiterem Himmel an einem Frühsommertag im Gebirge sind absolut kein gutes Zeichen. Dann rollte auch schon der erste Donnerschlag über die Seemulde hinweg und wurde an den umliegenden Felswänden als Echo zurückgeworfen. Gewitter im Gebirge sind kein Spaß, in Windeseile können sie über Bergkämme hereinziehen. Ich schnallte mir, so schnell es ging, den Rucksack wieder auf den Rücken und rannte sofort los.

Oben am See bot die exponierte Landschaft keinen Schutz. Aber ich erinnerte mich an eine Hirtenhütte, die ich einige Hundert Meter weiter unten in einer von Latschenkiefern bewachsenen Mulde beim Aufstieg erblickt hatte. Dort wollte ich mich unterstellen. Im selben Moment durchschnitt ein Blitz den Himmel über mir, und schwerer Regen und Graupel prasselten auf mich herab. Ich bekam es etwas mit der Angst zu tun und lief, was die Wanderstiefel hergaben. Im felsigen Terrain riss, um die prekäre Situation noch weiter zuzuspitzen, eine Schuhsohle ab – und ich wäre beinahe gestürzt. Um keine Zeit zu verlieren, stoppte ich nur kurz, band die Schnürsenkel behelfsmäßig um die lose Sohle und rannte weiter auf die Hütte zu. Blitz, Donner und Regen trieben mich voran.

An der Hütte angekommen, suchte ich mir einen Platz unter dem Vordach, ging in die Hocke und stopfte meinen Rucksack zur Isolation vor Blitzschlag zwischen meine Füße und den Boden. Inzwischen hatte sich ein handfestes Unwetter über mir festgesetzt, und Blitze zuckten im Sekundentakt herab. Meinen Plan, noch vor Sonnenuntergang zurück ins Tal zu laufen, musste ich wohl aufgeben. Durch die tief hängenden Gewitterwolken wurde es dunkler und dunkler. Unwetter in den Bergen sind eindrucksvolle Naturgewalten, und durch die Höhenlage steckt man schnell mittendrin. Gipfel und Grate sind besonders blitzgefährdet, nachts kann man gut die Einschläge

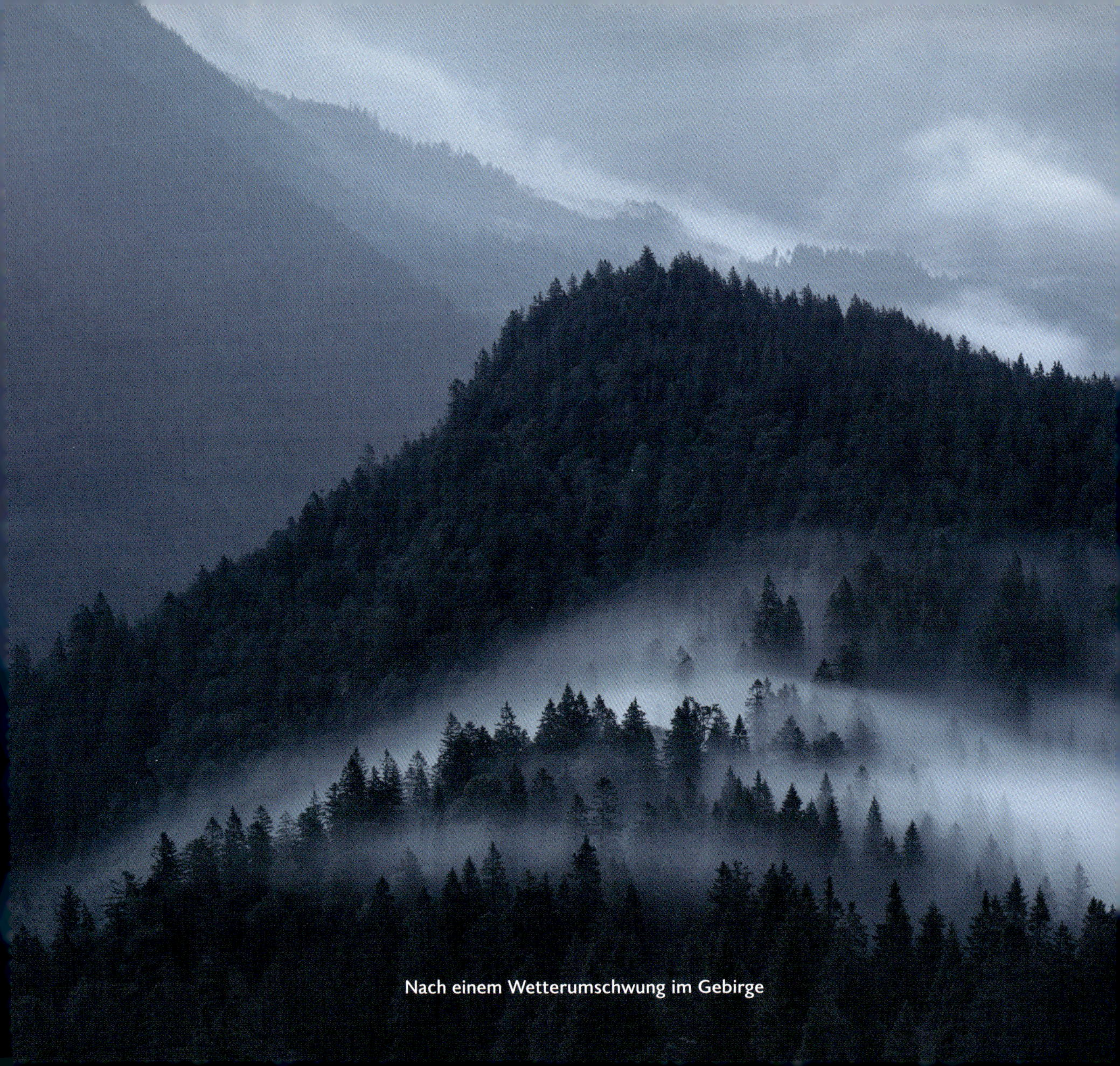

Nach einem Wetterumschwung im Gebirge

an den höchsten Punkten der Berge beobachten. Kein Wunder, dass Blitz und Donner bei vielen Völkern mit den Göttern in Verbindung gebracht wurden. Die blitzgefährdeten Berggipfel galten gar als deren Sitz. So beteten die Germanen den Donnergott Thor an. Wenn Gewitter zu Bränden führten oder die Ernte zerstörten, galten sie als göttliche Strafe. Blitz und Donner konnten sich die Menschen nicht erklären. Andererseits dürfte vermutlich ein Blitzeinschlag den Menschen das Feuer gebracht haben. Man nimmt an, dass die Frühmenschen aus derartigen Erfahrungen nach und nach lernten, das Feuer zu kontrollieren. Die ständige Verfügbarkeit von Licht und Wärme in der Nacht waren dann ein bedeutender Schritt in der kulturellen Entwicklung des Menschen.

Ich hätte an jenem Tag auf das Gewitter dagegen verzichten können. Zum Glück nahm die Frequenz der Blitze langsam ab. Die dunklen Wolken zogen talauswärts weiter, und am Horizont schimmerte sogar ein wenig Abendrot hinter den Regenschleiern durch. So schöpfte ich Hoffnung, dass ich vielleicht doch noch ins Tal absteigen könnte. Mit meinen zerrissenen Stiefeln lief ich von meinem Unterstand zur Steilstufe vom Aufstieg, um zu schauen, wie sich die Situation weiter entwickeln würde. Jetzt schien die untergehende Sonne durch einen Spalt zwischen Wolken und Bergen durch und flutete den ganzen Talraum mit warmem Licht. Nur ein paar Regenschleier erinnerten noch an den bis vor wenigen Minuten anhaltenden Wolkenbruch.

Doch der schöne Schein trog, denn abermals vernahm ich ein lautes Poltern. Nein, diesmal war es kein Donner, sondern Steinschlag. Der Wolkenbruch hatte anscheinend die Berghänge in Bewegung gesetzt, denn sowohl von der Hangkante vor mir als auch von den umliegenden Hängen hallte der krachende Lärm großer und kleiner Steinschläge zu mir herab. Die Blitzgefahr war gebannt – und schon hatte ich die nächste Gefahr erkannt. So entschied ich mich, nicht abzusteigen, sondern die Nacht an der Hütte zu verbringen. Unter dem Vordach machte ich es mir – soweit das ohne Schlafsack und Unterlage ging – bequem. Auch während der Nacht rauschten von den umliegenden Hängen Steinlawinen ins Tal, und die triefenden Latschenkiefern um mich herum schienen zu ächzen. Einem grenzwertigen Abend folgte eine unheimliche Nacht, und ich war froh, als ich endlich einschlief.

Am nächsten Tag herrschte eitel Sonnenschein, als wäre nichts gewesen. Ich stieg noch einmal für einige Aufnahmen zum schneebedeckten Schrecksee auf, danach konnte ich ins Tal absteigen. Die lose Sohle blieb zum Glück die einzige Herausforderung auf dem Rückweg.

Diese Nacht liegt nun fast ein Jahrzehnt zurück. Seitdem ist auch der Schrecksee zu einer kleinen Internetberühmtheit geworden und zieht viele Besucher an. Anfangs missachteten viele Leute die Naturschutzverordnung und übernachteten bewusst am Seeufer. An manchen Sommernächten standen dann zwei Dutzend Zelte teils über Tage hinweg am See. Durch die Bilderflut der sozialen Medien hatte der Übertourismus auch die entlegensten Winkel der Alpen erreicht. Das führte dazu, dass es am Schrecksee inzwischen Polizeikontrollen gibt. Traurig, dass es so weit kommen musste, aber sie wurden nötig, um eine weitere Zerstörung der Ufer des schönen Schrecksees durch achtlos zurückgelassenen Müll und andere Hinterlassenschaften von Wildcampern zu verhindern. Der Massenindividualismus ist leider für empfindliche Ökosysteme zum Risikofaktor geworden, insbesondere bei landschaftlicher Schönheit.

Das Allgäu verbinde ich aber noch mit einer zweiten unfreiwilligen Übernachtung am Berg. Im Juli 2018 versetzte ein besonderes Ereignis am Nachthimmel Fotografen und Naturliebhaber in Aufregung: der Blutmond. Schon frühzeitig machte ich mir Gedanken, welche Location sich anbieten würde, um das Spektakel festzuhalten. Ich überlegte hin und her, den halben Alpenraum ging ich in Gedanken durch, verwarf einige populäre Orte, weil ich dort mit zu viel Besuchern und entsprechend störendem Kunstlicht rechnete. Aber final entscheiden konnte ich mich bis zum Nachmittag des 27. Juli nicht so recht. Auch weil nicht zu hundert Prozent sicher war, ob es überall klaren Himmel geben würde.

Ich saß also bei einem Kollegen auf der Terrasse, und wir sprachen verschiedene mögliche Bildkompositionen mit Mond durch. Plötzlich fiel mir ein vielversprechender Aussichtspunkt im Allgäu ein: der kleine Guggersee oberhalb des Stillachtals. Dort bietet sich ein schöner Blick zum Allgäuer Hauptkamm mit dem Dreigestirn Trettach, Mädelegabel und Hochfrottspitze. Da es bereits später Nachmittag war, musste ich eine Punktlandung hinlegen, um mit Anfahrt und Zustieg noch rechtzeitig zum Aufgang des Blutmonds anzukommen. Aber ich ging das Wagnis ein und fuhr spontan ins Allgäu.

Von Oberstdorf kommend, parkte ich nahe Einödsbach, dem südlichsten dauerhaft bewohnten Ort Deutschlands, und dann ging es flussaufwärts ins Stillachtal. Doch der gut ausgebaute Talweg war nur eine Zwischenetappe. Ein steiler Serpentinenweg führte mich die westliche Flanke des Tals empor. Durch reiche Blumenvegetation,

Schuttrunsen (steile schmale Geröllhalden) und urwüchsige Wäldchen stieg ich immer weiter nach oben. Meine Waden begannen wegen der Steilheit des grobschottrigen Pfads schnell zu brennen. Nicht zuletzt, weil ich zusätzlich zu meiner normalen Ausrüstung noch ein mehrere Kilo schweres 600-mm-Teleobjektiv für das nächtliche Himmelsereignis im Rucksack mitschleppte.

Schließlich erreichte ich einen etwas bequemer zu laufenden Höhenwanderweg, dem ich in Richtung des Sees folgen wollte. Bis ich unvermittelt vor einem Drehkreuz an einer Almwiese und Kühen stand. Und was für eine Kuhherde das war! Eine der größten, die ich je im Gebirge gesehen habe. Gefühlt standen hundert Kühe auf meinem Wanderweg. Normalerweise kein Problem, man ignoriert die Tiere einfach und passiert sie oder weicht aus. Aber als ich gerade ein paar Meter auf der Wiese gelaufen war, wurden die Kühe neugierig, und ein Dutzend von ihnen lief auf mich zu. Ich geriet in Bedrängnis. In den letzten Jahren hatte ich immer wieder von Unfällen zwischen Bergwanderern und Kühen gelesen, sodass ich inzwischen einen großen Respekt vor den Tieren habe. Also machte ich langsam, aber zielstrebig kehrt und ging zurück zum Drehkreuz am Rand der Weide. Hätten alle weiteren Kühe ebenfalls so ein großes Interesse an mir entwickelt, wäre die Wanderung durch die Herde ein Spießrutenlauf geworden.

Nun brauchte ich einen Plan B, da ich nicht mehr viel Zeit hatte, meine Location für das Mondshooting zu erreichen. Also kämpfte ich mich am Rand der Weide zwischen Elektrozaun und Latschenkieferdickicht vorwärts. Aufgrund unterschiedlicher Passierbarkeit musste ich mehrmals unter dem Elektrozaun durchkriechen, bekam sogar einen Schlag, der aber immer noch besser war als ein möglicher Huftritt. So kam ich unentdeckt an den (neu)gierigen Kühen vorbei. Aber ich wusste schon in diesem Moment, dass der Rückweg bei Dunkelheit ein Problem werden könnte. Ich konnte nur hoffen, dass sich die Kühe in eine abgelegene Ecke der Weide zur Nachtruhe zurückziehen würden.

Auf der anderen Seite der Weide erreichte ich eine Almhütte. Eine Gruppe einheimischer Hirten und Jugendlicher hatten es sich dort bei Brotzeit und Obstler gemütlich gemacht, um auf den Blutmond zu warten. Die Hirten hatten zur Party geladen. Als Oberpfälzer kann ich mich normalerweise mit den meisten bayerischen Dialektsprechern wunderbar verständigen. Aber das tiefste Allgäuerisch – ein alemannischer Dialekt – der jungen Einheimischen hatte mit Bairisch wenig zu tun. Ich verstand in etwa so viel wie bei Schwyzerdütsch, sodass sich kein fließendes Gespräch ergab. Ich wünschte der Gruppe viel Spaß mit Blutwurz und Blutmond und beschleunigte meinen Schritt, um den Guggersee noch rechtzeitig zu erreichen.

Den Sonnenuntergang verpasste ich schon mal. Nur vom Weg aus konnte ich beobachten, wie die untergehende Sonne das Allgäuer Dreigestirn und die restliche Bergwelt in ein tiefrotes Alpenglühen tauchte. Aber ich war ja hauptsächlich wegen des Ereignisses am Nachthimmel vor Ort. Als ich am See ankam, war die Sonne bereits vollständig untergegangen. Bei wolkenlosem Himmel begann die Dämmerung. Ich machte mich mit der Umgebung vertraut, beobachtete das Spiegelbild der gegenüberliegenden Allgäuer Berge im See und suchte nach einer passenden Komposition für eine Teleaufnahme vom Mondaufgang. Dann hieß es warten.

Die Dunkelheit nahm zu, aber vom Mondaufgang des Blutmonds war weit und breit nichts zu sehen. Ich hatte wohl die Höhe der gegenüberliegenden Berge unterschätzt. Irgendwann erschien endlich ein erster schwacher Lichtschein zwischen den Gipfelgraten, und ich bereitete mich auf die Mondaufnahmen vor.

Bei einer Mondfinsternis tritt der Vollmond komplett in den Kernschatten der Erde ein. Die Himmelskörper Sonne, Erde, Mond müssen dazu ungefähr auf einer Linie liegen. Die Sonnenstrahlen treffen auf die der Sonne zugewandte Seite der Erde – zum Teil werden sie aber auch beim Passieren der die Erdkugel umgebenden Atmosphäre gestreut. Das betrifft besonders das langwellige rote Spektrum des Sonnenlichts. Dieses Streulicht erreicht auch die eigentlich im Erdschatten liegende Mondoberfläche, sodass dieser Mond trotz Erdschatten als sogenannter Blutmond tiefrot erscheint.

Das mühsam den Berg hochgeschleppte 600-mm-Objektiv war weniger praktisch als gedacht. Durch die starke Vergrößerung konnte ich letztlich nur den Mond ohne Landschaft formatfüllend aufnehmen – dafür hätte ich nicht unbedingt auf einen Berg steigen müssen. Also stieg ich auf ein Weitwinkelobjektiv um, und mir gelangen wunderbare Aufnahmen vom langsam aus dem Erdschatten tretenden Mond samt Milchstraße, Jupiter und der umgebenden Bergwelt.

Die Bilder waren auf der Speicherkarte, und die Mission war somit erfolgreich. Jetzt lag nur noch der Abstieg vor mir. Und leider auch die zuvor nicht einkalkulierte Kuhherde. Trotzdem wollte ich es wagen und wanderte den Hinweg zurück. Die Feiergesellschaft von der Almhütte hatte sich ins Innere begeben, mit einem schnellen Blick durch eines der Fenster vergewisserte ich mich, dass die Jugendlichen in dieser

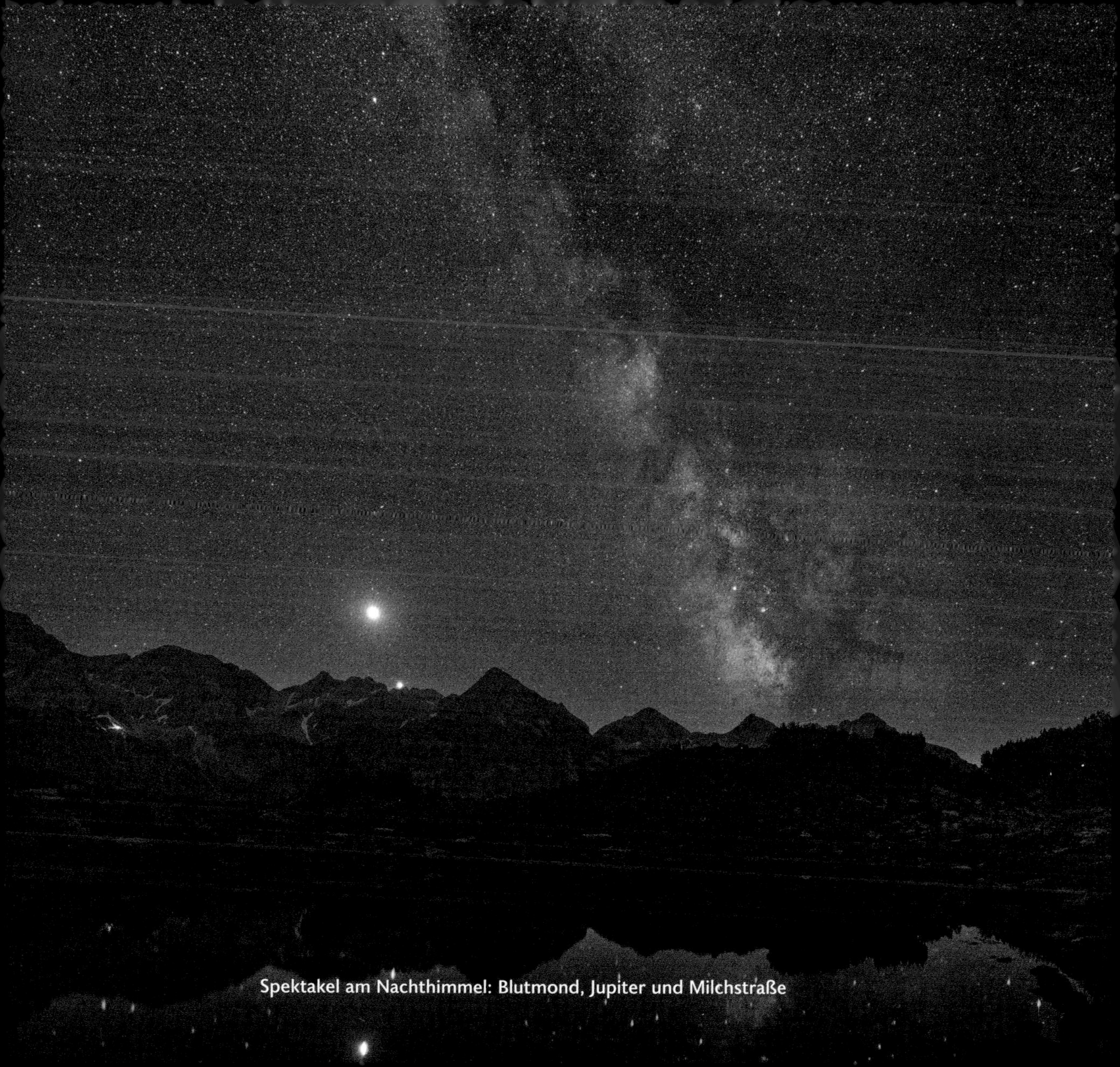

Spektakel am Nachthimmel: Blutmond, Jupiter und Milchstraße

Nacht keine große Hilfe mit den Kühen sein würden. So stand ich also allein vor der Entscheidung, den nächtlichen Weg durch die Kuhherde auf mich zu nehmen oder ohne Schlafsack auf dem Berg zu bleiben. Leider hatten sich die Tiere nicht vom Weg entfernt, und die Herde setzte sich direkt wieder in meine Richtung in Bewegung. Im Dunklen wollte ich weder die Konfrontation mit ihr noch die Kraxelei am Rand des Elektrozauns riskieren. Da Sommernächte kurz sind und einige Stunden der Nacht bereits vergangen waren, entschied ich mich schließlich dazu, auch die restlichen Stunden auf dem Berg zu verbringen.

Doch klare Nächte im Gebirge werden selbst im Sommer empfindlich kalt. Ohne ausreichende Kleidung und Schlafsack überlegte ich, wie ich die nächsten Stunden am besten ausharren konnte. Auf keinen Fall wollte ich einschlafen, zu groß war mir das Risiko auszukühlen. Um mich gegen den Tau zu schützen, kroch ich in ein Latschenkieferdickicht und bereitete mich auf kalte Stunden vor. Ungemein zäh verrannen die Minuten. Noch nie zuvor hatte ich so viel Zeit damit verbracht, der langsamen Rotation des Sternenhimmels zu folgen. Ich musste wach bleiben und kämpfte daher gegen den Schlaf an. Gleichzeitig erforschte ich mit allen Sinnen meine aus Ästen gebildete Notunterkunft. Zwischen den Latschenkieferzweigen nahm ich den Geruch der ätherischen Öle dieser bodennah wachsenden Baumart wahr. Latschenkiefernöl wird auch als Heilmittel vertrieben. Kühler Bergwind strich mir über das Gesicht, und ein klamme Feuchte breitete sich trotz des Dachs aus Zweigen auf meiner Haut aus. Ein Windhauch genügte, dass ein sonores Säuseln im dichten Nadelkleid der Kiefern anhob. Trotz dieser Beobachtungen blieb die Nacht unkomfortabel. Der von Wurzeln überzogene Boden war unbequem, und die Nadeln an den Zweigen waren stachelig. Entsprechend froh war ich, als sich endlich die astronomische Dämmerung ankündigte. Bis die weiteren Dämmerungsphasen durch waren, dauerte es noch zwei Stunden. Erst dann fingen die höchsten Bergspitzen des Allgäuer Hauptkamms den ersten rötlichen Glanz des Alpenglühens ein. Ein atemberaubender Sonnenaufgang kündigte sich an und entschädigte mich für die unfreiwillige Nacht im Gebirge.

Völlig übermüdet brach ich zum Rückweg auf. Sowohl in der Almhütte als auch auf der Viehweide war dieses Mal alles ruhig. Die Kühe lagen in Kleingruppen zusammen, sodass ich die Weide ohne weitere Kontaktaufnahme überqueren konnte. Der Rest der Strecke war leicht, denn im Gegensatz zum Aufstieg beschleunigte das Gewicht des Teleobjektivs jetzt meine Geschwindigkeit. Überraschend schnell erreichte ich so meinen Ausgangspunkt.

In Zukunft wollte ich dann genauer überprüfen, ob meine Wanderungen während der Dämmerung und der Nacht durch Viehweiden führen würden. Mit Kühen hatte ich schon die ein oder andere merkwürdige Begegnung. Einmal wachte ich in Österreich, nachts im Auto schlafend, von einem seltsamen Geräusch auf und weil das ganze Auto schwankte. Als ich verwirrt die Innenbeleuchtung des Wagens einschaltete, erschreckte ich mich zunächst unheimlich und war dann völlig baff. Ein Dutzend Kühe hatte sich rund um mein Auto versammelt, und die Tiere leckten es von oben bis unten ab. Das war ein bisschen so, wie als Kind in der Autowaschanlage im Wagen sitzen zu bleiben, aber auf einem ganz anderen Level. Ein wildes Durcheinander von Zungen, Köpfen und Kuhaugen zeichnete sich an den Scheiben ab, und ich betete, dass keine Beulen entstehen. Nach einer halben Stunde zog die Herde erfreulicherweise weiter. Am nächsten Morgen entdeckte ich in 200 Meter Entfernung einen eingezäunten Parkbereich. Dort zu parken wäre eine sinnvolle Idee gewesen. Ich vermutete, dass die Kühe deshalb so heiß auf mein Auto waren, weil es zuvor zwei Wochen lang unter blühenden Lindenbäumen gestanden hatte. Aus den Blüten war ein feiner Film von Nektar auf die Karosserie herabgetropft und hatte so den ganzen Pkw in ein verlockendes Kuh-Bonbon verwandelt. Jedenfalls war das Fahrzeug danach nicht mehr von Nektar bedeckt, dafür vom Schleim der Kuhzungen. Die Struktur erinnerte an ein hautfarbenes Batikmuster. Also musste ich in eine Waschanlage.

Egal, wo man übernachtet, die Nächte in den Alpen sind immer für eine Überraschung gut. Zum Glück hatte ich bisher noch keine völlig negative Erfahrung gemacht. Vielleicht, weil ich mich in den Alpen grundsätzlich vorsichtiger bewege. Denn die meisten brenzligen Situationen habe ich bisher in den Mittelgebirgen erlebt.

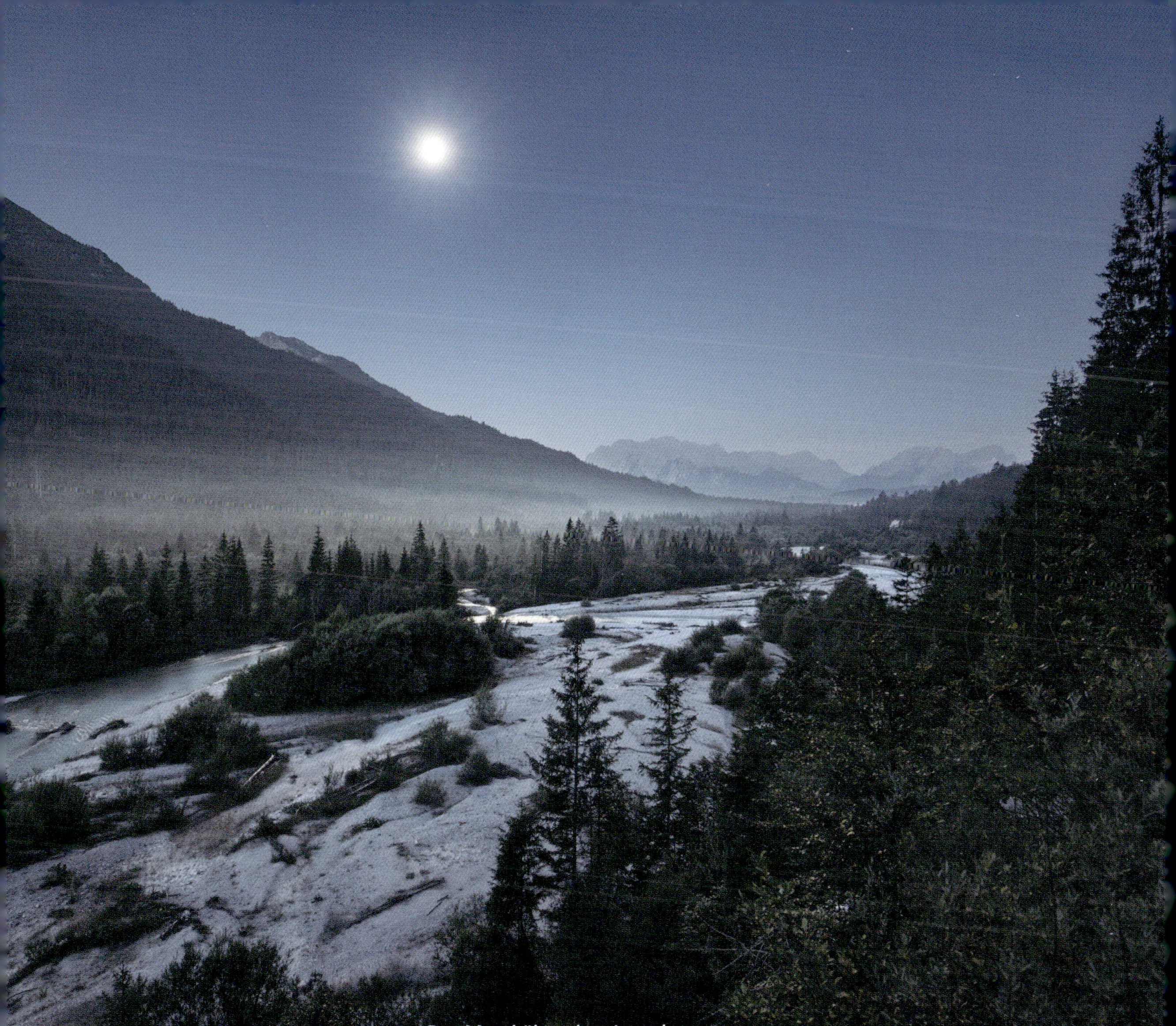

Der Mond über dem Isartal

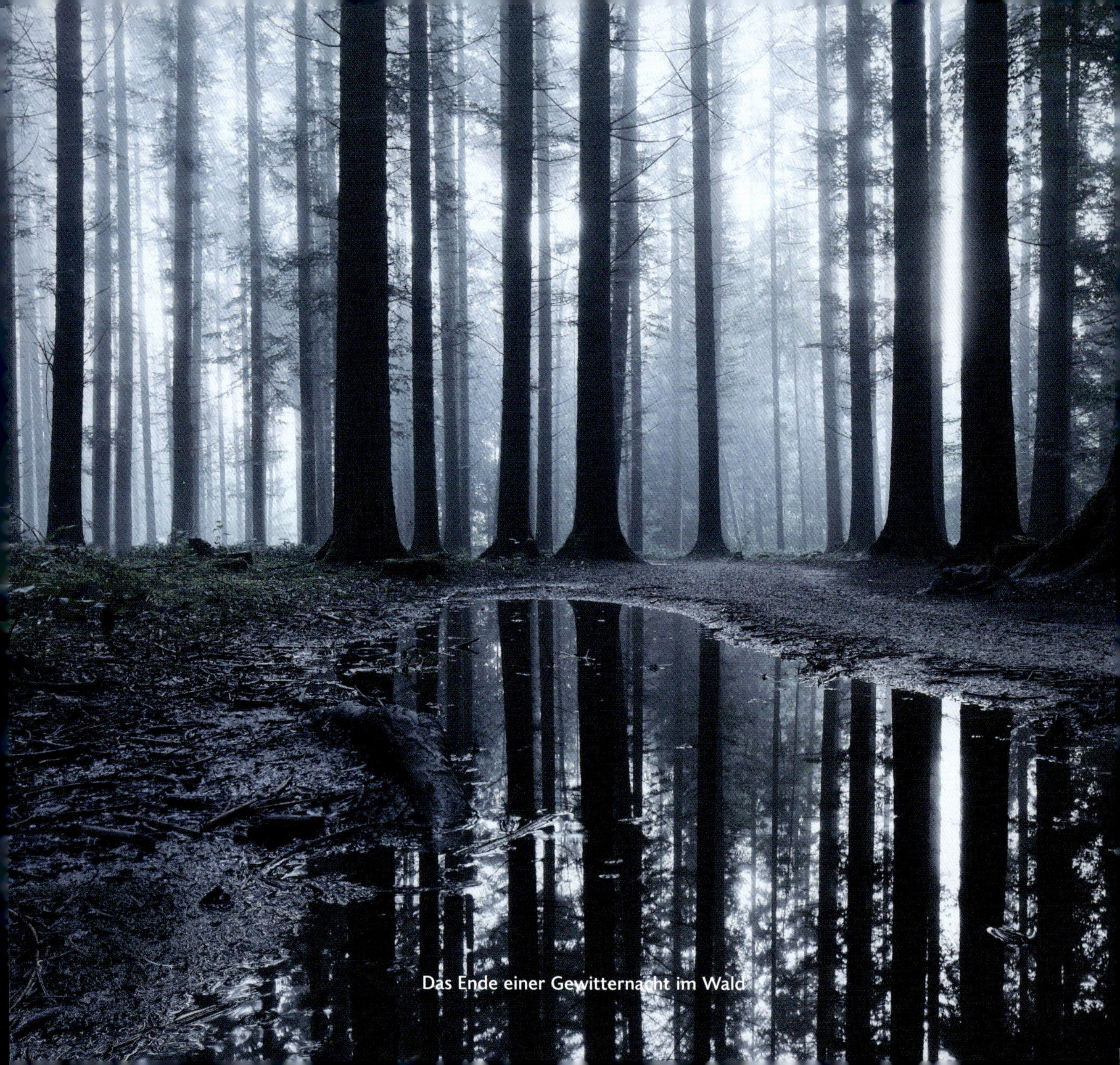

Das Ende einer Gewitternacht im Wald

Gefahrensituationen

Harz (Niedersachsen)

Einige Verletzungen sind auf Leichtsinnigkeit zurückzuführen. Ich erinnere mich an eine Mountainbike-Abfahrt im Bayerischen Wald während einer Vollmondnacht im Spätherbst. Die Strecke führte durch einen kahlen Laubwald bergab, sodass stets ausreichend Mondlicht auf den Weg fiel. Daher verzichtete ich auf die eigentlich obligatorische Stirnlampe. Aber ehe ich mich versah, musste ich diesen Übermut schmerzhaft bezahlen. Eine nur wenige Meter lange dunkle Passage zwischen Fichten wurde vom Mondlicht nicht ausgeleuchtet. Ich riskierte, einfach »blind« durchzufahren. Was ich vergessen hatte, war, dass dort ein Steinblock relativ weit aus dem Weg hervorstand. Das realisierte ich erst, als ich mit dem Fahrrad abhob und äußerst schmerzhaft auf der Seite landete. Gott sei Dank verletzte ich mich nicht am Kopf, aber Schürfwunden und Quetschungen habe ich davongetragen. Fluchend wie Rumpelstilzchen hüpfte ich, von Schmerzen gepeinigt, auf einem Bein um mein Rad, kramte schnellstens die Stirnlampe hervor und setzte den Pfad nun bei Kunstlicht fort, schiebend und humpelnd. Im Nachhinein eine wirklich dämliche Aktion, die letztlich aber glimpflich ausging.

Eine andere Situation bei meinen Outdoor-Abenteuern erwies sich als deutlich gefährlicher. Ich wollte nach einem langen Foto-Tag abends noch kurz den Lonauer Wasserfall im Harz fotografieren. Um einen zu hohen Kontrastumfang zu vermeiden, wartete ich, bis die Sonne bereits fast hinter dem Horizont verschwunden war. Das abendliche Zwielicht hätte gleichzeitig zu längeren Belichtungszeiten geführt, um das Wasser fließend erscheinen zu lassen. Beim Lonauer Wasserfall handelt es sich um eine schöne, zehn Meter hohe Wasserfallstufe in der Nähe der Stadt Herzberg. Oberhalb der Kaskade gibt es einen leicht erreichbaren Aussichtspunkt. Ich dagegen wollte einen besonderen Blickwinkel und beschloss spontan, zum Fuß des Wasserfalls vorzudringen. Von oben sah die kleine, enge Waldschlucht unterhalb des Wasserfalls verlockend aus. Auch wenn es bereits Abend war, schien sich der zeitliche Aufwand im Rahmen zu halten. Meine Idee war, den Wasserfall zwischen steilen Felswänden und eingerahmt von knorrigen Bäumen zu fotografieren. Daher zog ich meine Wathose an und kämpfte mich durch die kleine, aber tief eingeschnittene Klamm unterhalb des Wasserfalls. In der düsteren, engen Schlucht lag allerhand Gerümpel, vom Autoreifen über einen Sonnenschirm bis hin zum Plastikstuhl. Dazwischen gab es immer wieder tief ausgespülte Kolke, in denen das Wasser fast brusttief bis zur Oberkante der Wathose reichte. Vorsichtig tastete ich mich voran und benutzte das Stativ als Sonde, um die Tiefe des Wassers festzustellen.

Mit ein bisschen Kraxelei schaffte ich es zum Fuß des Wasserfalls, freute mich über den ungewöhnlichen Blickwinkel und baute mein Stativ auf. Gerade als ich die ersten drei Aufnahmen gemacht hatte, hörte ich, wie sich das Geräusch des Wassers veränderte. Das Rauschen wurde stärker. Aus Erfahrungen in den Alpen wusste ich, dass das ein höchst brisantes Signal ist. So schnell es ging, packte ich Kamera und Stativ ein und verstaute alles samt Rucksack auf einem höher gelegenen Felsvorsprung. Ich selbst kletterte rasch hinterher. So hatte ich in wenigen Sekunden gut anderthalb Meter Abstand zwischen mich und den Bach gebracht. Denn das geänderte Rauschverhalten des Wasserfalls hatte mich nicht getäuscht. Innerhalb von einer halben Minute erhöhte sich die Wassermenge auf ein Vielfaches. Ich konnte dann beobachten, wie das zuvor über Felsplatten geflossene Wasser plötzlich in weitem Bogen über die Kante schoss. Auch die Farbe hatte sich geändert, von durchsichtig zu schlammig-braun.

Ich realisierte, dass es im Oberlauf des Bachs durch ein Gewitter ein sehr begrenztes Starkregenereignis gegeben haben musste. Davon hatte ich direkt nichts gemerkt, aber an fast windstillen, schwülheißen Tagen sind derartige punktuelle Wolkenbrüche keineswegs ungewöhnlich. Daher sollte man an solchen gewittrigen Sommertagen bei Outdoor-Unternehmungen immer wieder mal einen Blick auf das Wetterradar werfen. Zumindest solange man Empfang hat. Denn den gab es in der Schlucht natürlich nicht.

So stand ich auf meinem Felsvorsprung – unter mir stieg der Wasserspiegel des förmlich kochenden Bachs an. Der Rückweg durch die Kolke, die schon beim Hinweg brusttief waren, wäre lebensbedrohlich gewesen. Da es schon Abend war, ging ich auch nicht davon aus, dass mich jemand zufällig von der Besucherplattform aus entdecken würde. Das Tosen des Wassers hätte sowieso jedes Rufen übertönt. Abwarten war auch kein Patentrezept. So schnell das Wasser in solch einer Situation in einem engen Bachbett ansteigt, so lange kann es dauern, bis sich der Wasserpegel wieder normalisiert. Eine Art Flutwelle schießt bei derartigen Ereignissen durch das Bachbett. Aber hatte ich viele Optionen? Die Dämmerung begann bereits. Eine Übernachtung auf meinem schmalen Felsvorsprung schien mir ebenfalls riskant. Was würde passieren, wenn ich übermüdet einschlief und von der Kante rutschte? Ich war tatsächlich etwas panisch ob meiner ausweglosen Situation.

Um eine Lösung ringend, suchte ich die Felswand nach einer Option zum Herausklettern ab. Allein die Steilwände aus Tonschiefer waren sehr rutschig, brüchig und daher zum Klettern denkbar schlecht geeignet. Um eine Übernachtung in der Schlucht zu verhindern, schien mir ein abgestorbener Baumstamm die einzige Rettungsmöglichkeit zu sein. Doch der hing gut anderthalb Meter von mir entfernt über dem Abgrund. Der Stamm war mit einem dicken Seitenast in einen anderen Baum verhakt, konnte aber vermutlich mein Gewicht tragen – soweit er nicht morsch war und zusammen mit mir in die Schlucht stürzen würde. Ich hatte also nur einen Versuch, ihn zu erreichen.

Um mich herum wurde es immer dunkler und das Risiko nicht geringer. Sorgfältig packte ich den Rucksack mit meinem Equipment, holte auf dem schmalen Absatz Schwung und setzte zu einem beherzten Sprung an. Meine Beine fanden bei der Landung keinen festen Halt, und ich drohte abzurutschen. Zum Glück erwischte ich aber mit der rechten Hand einen Aststumpf und konnte mich so festhalten. Tatsächlich war der Stamm stabil genug, und ich versuchte in eine halbwegs ausbalancierte Position zu gelangen. Für einen Moment verschnaufte ich, um Kraft für die weitere Kletterei zu sammeln. Dann klammerte ich mich an den Baumstamm, und halb robbend, halb kletternd konnte ich der Schlucht entkommen. Ein ziemlich riskanter Akt im Nachhinein.

Als ich in Sicherheit war, blickte ich mit Schaudern in den schäumenden Abgrund. Um mich herum breitete sich endgültig Dunkelheit im Wald aus. Vielleicht tendiert man gerade in vermeintlich einfachem Gelände dazu, die Gefahren zu unterschätzen. Aber auch Touren im Mittelgebirge müssen konzentriert geplant und durchgeführt werden.

Grundsätzlich kann ich sagen, dass man sich bei den Nachttouren schon verhältnismäßig viele Blessuren holt. Aber meistens handelt es sich um kleinere Verletzungen, weil man in der Dunkelheit gegen einen Ast läuft, Schürfwunden oder Kratzer von Brombeergestrüpp. Auch die folgende Tour konnte ich nicht völlig ohne Blessuren beenden.

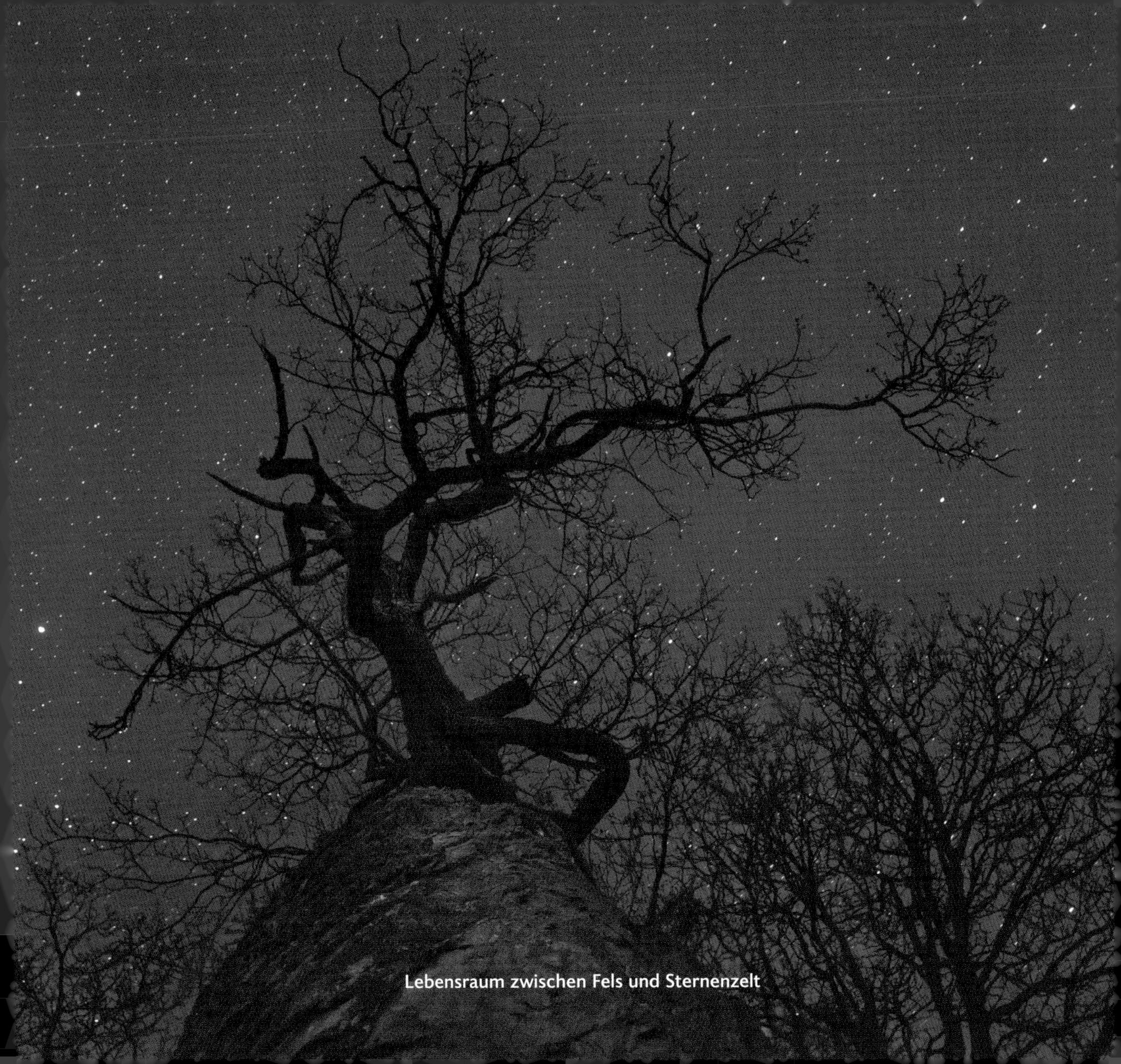

Lebensraum zwischen Fels und Sternenzelt

Das ist Fledermausland

Siebengebirge (Nordrhein-Westfalen)

In einer klaren Nacht Anfang April suchte ich das von Köln leicht zu erreichende Siebengebirge auf. Das kleine Mittelgebirge ist vulkanischen Ursprungs und liegt gleich südöstlich von Bonn auf der anderen Rheinseite. Mit seinen Bergkegeln bildet das Siebengebirge die nördlichste Mittelgebirgslandschaft, die direkt an den Ufern des Rheins liegt. Bereits 1922 wurde das Gebiet unter Schutz gestellt und ist so eines der ältesten Naturreservate Deutschlands. Vom Rhein bis zu den höchsten Gipfeln Ölberg und Löwenburg sind es immerhin fast 400 Meter Höhenunterschied – insofern erinnert es, vom Flachland aus betrachtet, tatsächlich an ein Minigebirge.

Seit der Römerzeit wurde im Siebengebirge Vulkangestein abgebaut, davon bezeugen von Basaltsäulen gebildete Felswände. Daneben wurde aber in kleinen Bergwerken unterirdisch Gestein abgetragen. Gerade die alten Stollenlöcher sind ein hervorragender Lebensraum für Fledermäuse. Daher wollte ich überprüfen, ob ich Anfang April schon ein paar von ihnen beobachten konnte. Die nachtaktiven Säugetiere sollten um diese Zeit aus ihrem Winterschlaf erwachen. Nach monatelangem Kopfüberhängen im Winterquartier waren die Energiereserven der Fledermäuse aufgebraucht, und mit der Jagd auf die ersten Nachtfalter des Jahres begann ihre Flugsaison.

Trotz hoher Besucherzahlen ist das Siebengebirge auch heute noch Fledermausland. Fünfzehn Arten wurden in der weiteren Umgebung nachgewiesen. Eine besondere Bedeutung als Übernachtungs- und Winterquartier haben die Ofenkaulen, Stollen, in denen unterirdisch Trachyttuff abgebaut wurde. Ein Gestein, das wegen seiner thermischen Eigenschaften hervorragend zum Ofenbau geeignet ist. So entstand im Siebengebirge ein umfangreiches mehrstöckiges Stollensystem. In der ersten Hälfte des 20. Jahrhunderts wurde der Abbau jedoch aus wirtschaftlichen Gründen aufgegeben. Die Stollen kamen aber nicht zur Ruhe. In den letzten Kriegsmonaten wurde vorübergehend eine unterirdische Fabrik aufgebaut, in der Zwangsarbeiter unter unmenschlichen Bedingungen Flugzeugmotoren montieren mussten. Nach dem Krieg wurden die Stollen verschlossen und sollten fortan nur mehr als Fledermausquartier dienen. Trotzdem kam es in den letzten Jahrzehnten immer wieder zu Unfällen im Stollensystem. Durch die virtuellen Tauschbörsen für Koordinaten sogenannter Lost Places kommen viele alte Bergbauregionen auch heute nicht zur Ruhe. Mich reizt die unterirdische Dunkelheit weitaus weniger als die nächtliche Natur, deswegen bin ich froh, dass Fledermäuse in den bis auf schmale Einfluglöcher verschlossenen Stollen Winterquartiere gefunden haben.

Im Frühjahr verlassen die Tiere dann ihre winterlichen Ruhestätten. Anhand der bevorzugten Sommerquartiere wird nach Baum- und Hausfledermäusen unterschieden.

Dem nächtlichen Waldwanderer werden eher die Baumfledermäuse begegnen. Dazu zählt zum Beispiel das Braune Langohr. Tagsüber schlafen die Tiere in verlassenen Spechthöhlen oder hinter der locker gewordenen Rinde abgestorbener Bäume. In den alten Buchenwäldern des Siebengebirges finden die Fledermäuse in der warmen Jahreszeit also gute Rückzugsorte. Die Hausfledermäuse quartieren sich dagegen lieber in Dachböden und Scheunen ein. Sieht man in der Dämmerung eine Fledermaus, ist es für den Laien schwer, eine bestimmte Art zu identifizieren. Man kann den geschickten Flattermännern kaum mit den Augen folgen. Zumal die fliegenden Säugetiere auch nicht besonders groß sind. Der Große Abendsegler ist mit ungefähr vierzig Zentimeter Flügelspannweite schon ein Gigant unter den einheimischen Fledermäusen.

Im Laufe der Evolution eroberten sich diese Tiere in der Dunkelheit eine ökologische Nische. Es gibt zwar Vögel wie Eulen, die ebenfalls in der Nacht auf Jagd gehen, aber die haben es meist auf größere Beute abgesehen. Fledermäuse sind Insektenjäger. Das zur Jagd nötige Flugverhalten der Fledermäuse ist sehr kräftezehrend, dementsprechend hoch ist der Energiebedarf. Bis zu einem Drittel des eigenen Körpergewichts frisst eine Fledermaus jede Nacht an Insekten. Durch Ultraschall-Echoortung gelingt es den Tieren, die Beute in der Dunkelheit ausfindig zu machen und zielsicher aus der Luft zu schnappen. Die Fledermaus stößt durch Nase oder Mund Laute im Ultraschallbereich aus, die von Hindernissen reflektiert und als Echo zurückgeworfen werden. Die Insektenbeute wirft ein Echo zurück, wenn sie von Ultraschallwellen getroffen wird. Vermutlich hinterlässt sie durch ihren eigenen Flügelschlag ein charakteristisches Signal, sodass die Fledermaus Informationen über Distanz und Größe des

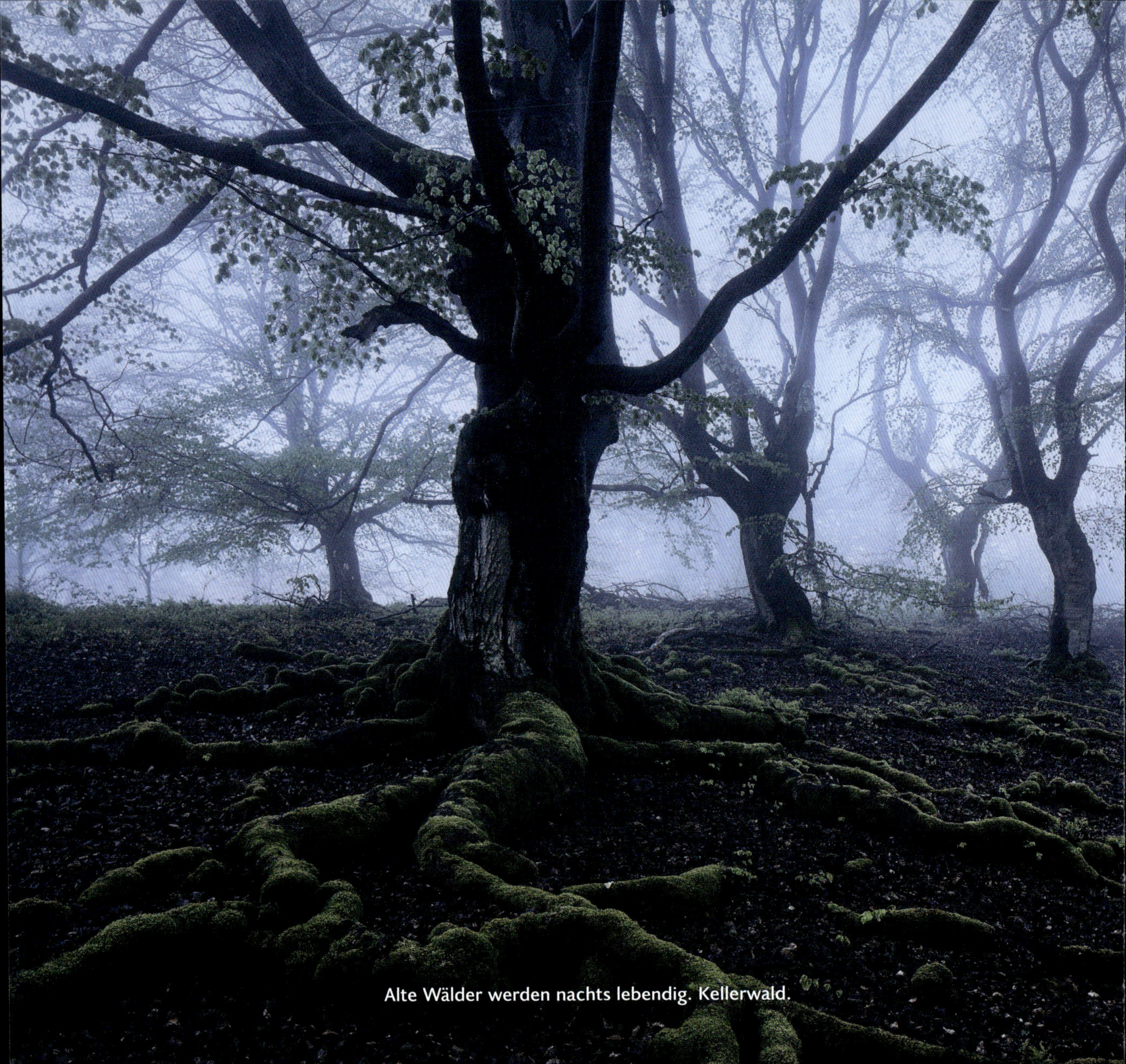

Alte Wälder werden nachts lebendig. Kellerwald.

Insekts erhält, um gezielt anfliegen zu können. Auch die Orientierung in der Dunkelheit erfolgt über Ultraschall. Hindernisse wie Äste oder Baumstämme werden geschickt umflogen.

Mich interessierte, ob der außergewöhnlich warme Frühling die nachtaktiven Säugetiere bereits aus den Winterquartieren gelockt hatte. In der Dämmerung wanderte ich zum Stenzelberg, einem 278 Meter hohen Berg, dessen Gipfelregion von einem ehemaligen Steinbruch geprägt wird. Neben Steilwänden kennzeichnen beim Abbau stehen gebliebene Felstürme – sogenannte Umläufer – das Landschaftsbild des Stenzelbergs. Der markierte Pfad führte steil über losen Basaltschutt durch den Wald. Ich suchte mir einen etwas geschützten Beobachtungsplatz und hielt die Augen offen. Flugzeuge, die in Richtung Flughafen Köln/Bonn unterwegs waren, brachten Unruhe in die Nacht. Gespannt blickte ich in den Nachthimmel, auf der Suche nach deutlich kleineren Fliegern. Ich bemerkte eine Bewegung knapp über den Baumkronen. Eine Fledermaus? Eigentlich hatte ich mir ein bisschen mehr Aktivität erhofft. Da im Frühling noch nicht allzu viele Insekten unterwegs sind, können Fledermäuse manchmal sogar tagsüber beobachtet werden. Wenn sie nachts nicht genügend Beute machen, wird die Jagd manchmal bei Tageslicht fortgesetzt. Dieses ungewöhnliche Verhalten dient der Deckung des Energiebedarfs nach dem Winterschlaf. Jedoch bedroht das allgemeine Insektensterben auch die Bestände der Fledermäuse. Die nächtliche Natur wird massiv von Eingriffen in die Ökosysteme tagsüber beeinflusst. Intensive Landwirtschaft, Flächenfraß, Lichtverschmutzung und Oberflächenversiegelung tragen zum Rückgang der biologischen Vielfalt im Reich der Nacht bei.

Ein weiterer Schatten flatterte durch mein Sichtfeld. Vor dem Sternenfirmament konnte ich die nächtlichen Jäger gut ausmachen. Ein bisschen überraschte mich die gute Sicht auf die Milchstraße während dieser Exkursion. Trotz der Nähe zu Bonn und Köln. Die Versuche, das Siebengebirge in einen Nationalpark umzuwandeln, sind vorerst gescheitert. 2009 wurde in der nahen Stadt Bad Honnef durch einen Bürgerentscheid verhindert, dass städtische Flächen zu einem vom Land Nordrhein-Westfalen verwalteten Nationalpark umgewidmet werden. Wobei dies für den Schutz von Flora und Fauna, insbesondere den Fledermäusen, sicher gut wäre.

In dieser Aprilnacht hielt sich die Flugaktivität der Fledermäuse ziemlich in Grenzen. Da werde ich wohl in einer Sommernacht noch einmal zurückkehren müssen, dachte ich. Ich lehnte mich zurück und ließ erneut das gesamte Sternenzelt auf mich wirken. Irgendwann hörte es sich so an, als würden von einer Felswand in der Nähe mehrere Steintrümmer abbrechen und zu Boden stürzen. In der Dunkelheit konnte ich kein Tier als möglichen Verursacher ausmachen. Ein bisschen unheimlich, aber manchmal genügt der Temperaturunterschied zwischen Tag und Nacht, um einen kleinen Steinschlag auszulösen. Gerade die nur von spärlicher Vegetation bedeckten Steinbruchhalden sind noch nicht zur Ruhe gekommen.

Langsam begann die Dämmerung. Zusehends verblasste das Sternenzelt, und ich verließ auf leisen Sohlen die Szenerie. Ein paar Augenblicke später fluchte ich laut. Beim Rückweg trat ich falsch auf ein loses Stück Basaltgestein und knickte mit dem Fußgelenk um. Den Sturz am Steilhang konnte ich durch einen beherzten Griff mit beiden Händen in den Untergrund abwenden. Aber der Schmerz im Fußgelenk blieb.

Also ging es humpelnd weiter. Durch dieses Handicap und die daher erforderliche erhöhte Konzentration wurde mir bewusst, wie selbstverständlich ich in den letzten Monaten durch den nächtlichen Wald geturnt war. Jetzt irritierte mich jede Brombeerranke, die über den dunklen Pfad hing, und ich überlegte zweimal, ob eine Steinplatte stabil genug war, um darauf aufzutreten.

Aus einer kleinen Seitenbucht des Steinbruchs schlug mir mehrstimmiges Eulengeheul entgegen. In meinen Ohren hörte es sich wie schadenfrohes Gelächter an. Ich war froh, als ich endlich den Parkplatz erreichte. Analog zu »Die meisten Unfälle passieren im Haushalt« könnte ich sagen: »Die meisten Unfälle passieren im Wald vor der Haustür.«

Trotzdem ist wohl die Landschaft im Gebirge bei Dunkelheit die größte Herausforderung. Naturgemäß ist man dann aber auch konzentrierter und somit sicherer unterwegs. Wenn nicht unvorhergesehene Hindernisse wie bei meinen Touren im Allgäu die Planung durcheinanderbringen. Ein spezieller Lebensraum fehlte mir aber noch bei meinen Nachtexkursionen: Küstenwälder. Als Kind der Wälder Ostbayerns war das Meer gefühlt immer weit weg. Die Leute fuhren zum Urlaub auch eher an die Adria als an Nord- und Ostsee. Vor vielen Jahren erkundete ich dann schließlich Rügen zum ersten Mal mit der Kamera. Im Winter. Der herbe Charme der Insel fing mich direkt ein. Selbstverständlich musste ich mich auch dort in die nächtliche Vegetation stürzen.

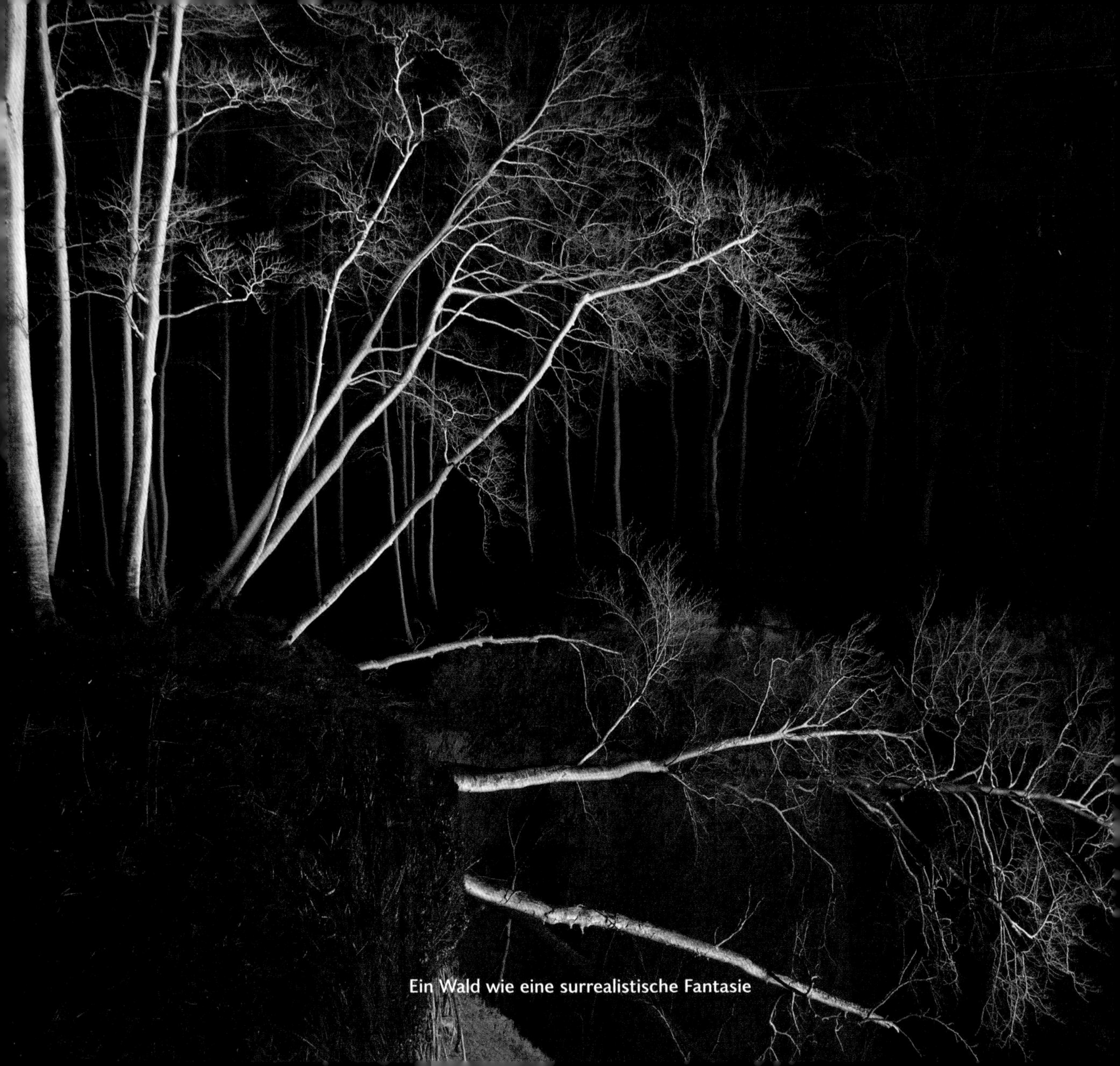

Ein Wald wie eine surrealistische Fantasie

Geisterbäume

Ostsee (Mecklenburg-Vorpommern)

Rügen, aber auch ganz Mecklenburg-Vorpommern und Brandenburg zeigen, dass man gar nicht in so schroffes Gelände muss, um die Wildheit der nächtlichen Natur kennenzulernen. Ein Teil der alten Buchenwälder dort gehört zum UNESCO-Welterbe. In den Nationalparks Müritz, Vorpommersche Boddenlandschaft und Jasmund sind weitere alte Wälder unter Schutz gestellt worden. Am spektakulärsten sind für mich jene, die unmittelbar an der Küste wachsen, an der Kante von Steilküsten oder hinter dem ersten Dünenwall am Strand. Ununterbrochen nagt das Meer an Festland und Inseln und verändert so auch ständig diese Küstenwälder. Die Erosion hat mit den Kreidefelsen auf Rügen eine spektakuläre Landschaft geschaffen. Rügen ist sowieso eine kleine Welt für sich. So hat Deutschlands größte Insel mit 574 Kilometern sogar eine längere Küstenlinie als Mallorca (550 Kilometer).

Rügens größter Naturschatz ist der Jasmund Nationalpark mit seinen Kreidefelsen und Buchenwäldern. Eine einmalig schöne Landschaft, die ich bereits zu allen Jahreszeiten erleben durfte. Wenn es dunkel wird, legt sich ein eigenartiger Zauber über die Insel. Auf Schritt und Tritt stößt man auf Rügen auf Grabhügel, Überreste slawischer Wallburgen und andere historische Hinterlassenschaften. Der Boden hat die Kulturgeschichte verschiedenster Kulturen aufgesaugt. Eine besondere Nacht habe ich zur Zeit der Sommersonnenwende in der Nähe des bekannten Megalithgrabs bei Nobbin erlebt. Fast mediterrane Temperaturen machten den Aufenthalt im Freien angenehm. Hätte ich nicht gewusst, dass ich an der Ostseeküste bin, hätte ich die von der Eiszeit geprägten hügeligen Felder im Abendlicht auch für die Toskana halten können.

Die Nächte im Norden der Insel sind Ende Juni extrem kurz. Sonnenuntergang ist erst kurz vor zehn Uhr abends, und um halb fünf geht die Sonne schon wieder auf. Für weniger als sieben Stunden verschwindet sie hinter dem Horizont. Wobei »verschwinden« das falsche Wort ist, denn die untergegangene Sonne befindet sich so flach am Horizont, dass in klaren Nächten am nördlichen Himmel stets ein rötlicher Schimmer sichtbar bleibt. Die Blaue Stunde erstreckt sich am Abend bis kurz vor zwölf und beginnt schon wieder um halb drei morgens. So bleiben zweieinhalb Stunden gefühlte Nacht – aber wirklich dunkel wird es auch dann nicht, denn die nautische und astronomische Dämmerung fallen im Norden Rügens in den kürzesten Nächten des Jahres aus.

Der Sonnenaufgang um halb fünf ist ebenfalls etwas Besonderes. Obwohl sich der nördlichste Punkt Deutschlands auf Sylt befindet, können die frühesten Sonnenaufgänge des Jahres (4:28 Uhr) auf Rügen erlebt werden. Das Kap Arkona im Norden der Insel bietet sich in der Zeit zwischen 15. und der Sonnenwende am 21. Juni an.

Rügen liegt innerhalb unserer Zeitzone weiter im Osten, daher beginnen Sonnenauf- und -untergang zwanzig Minuten früher als auf Sylt. Die Insel Usedom liegt zwar noch weiter im Osten, aber gleichzeitig weniger weit im Norden. In der entgegengesetzten Ecke der Republik, in der Region um Lörrach im Südwesten Baden-Württembergs, geht die Sonne gar erst eine volle Stunde später auf.

Mich jedenfalls haben die Sommernächte auf Rügen zutiefst beeindruckt. Von den Temperaturen her Norditalien und vom Licht her fast schon Skandinavien. Diese niemals endende Dämmerung ist wunderbar für Waldspaziergänge geeignet. Besonders am Ufer und auf den Steilklippen verstärkt sich der rote Schimmer am nächtlichen Horizont durch die Spiegelung des Meeres, sodass auf Kunstlicht verzichtet werden kann, sobald sich die Augen an die dunklen Verhältnisse gewöhnt haben.

Aber nicht nur im Sommer können auf Rügen besondere Lichtstimmungen erlebt werden. Durch die nördliche Lage ist die Insel auch dazu prädestiniert, um hierzulande das Nordlicht zu beobachten. Eine derartige Aufnahme ist mir leider noch nicht gelungen. Aber die Lichtstimmung zwischen den krumm gewachsenen Stämmen des Küstenwaldes stelle ich mir einzigartig vor und ich brauche ja auch noch fotografische Ziele für die Zukunft. Falls ich jetzt bei jemandem das Interesse geweckt habe, in Deutschland auf Polarlichtjagd zu gehen, so muss ich die Erfolgsaussichten ein wenig einschränken. Denn nur ungefähr alle elf Jahre gibt es so gute Bedingungen, dass intensive Nordlichter beobachtet werden können. Dazu muss natürlich noch das Wetter (möglichst klar), die Mondphase (Neumond) und die Tageszeit (nachts! Am besten während langer Winternächte) stimmen. Aber es lohnt sich trotzdem, immer mit einem Auge den Nachthimmel zu beobachten. Oder sich mit Apps mit Nordlichtalarm zu beschäftigen.

Aber auch ohne Polarlicht ist Rügen im Winter eine Reise wert. So konnte ich die Insellandschaft nach starken Schneefällen schon von einer ganz anderen, fast an Tuschezeichnungen erinnernden Seite erleben.

Am intensivsten ist mir jedoch ein Besuch im März in Erinnerung geblieben. Für Landschaftsfotografen ist der hiesige März eher Saure-Gurken-Zeit. Es blüht wenig, die Vegetation ist graubraun statt grün, und der Schnee hat sich in die Hochlagen zurückgezogen. Normalerweise der optimale Zeitpunkt, auf den Kanaren zu fotografieren. Oder in Südafrika. Mich dagegen zog es in einer dieser typisch düsteren Märzwochen nach Rügen.

Ausgelöst durch eine besondere Wetterlage war der Winter auf die Insel zurückgekehrt. Mit einer starken Nordostströmung erreichte Polarluft Rügen. Bei Tagestemperaturen unter null Grad schuf stürmischer Wind bizarre Eisformationen an den Ufern und Stegen entlang der Meeresküste. Mein eigentliches Ziel war der zu einer Eisskulptur erstarrte Leuchtturm von Sassnitz. Aber so ganz konnte ich den Wald auch bei diesem Besuch nicht außen vor lassen. Also machte ich eine Dämmerungswanderung durch die nahen Buchenwälder entlang der Steilküste. Der eiskalte Wind brach sich an der Kante der Felsen, und die exponierte Lage machte die Wanderung zu keinem Vergnügen. Eiskalt schnitt der Ostwind in die Gesichtshaut. Gleichzeitig erlebte ich das Naturjuwel der Insel von einer ganz anderen Seite. Die noch kahlen Buchen sahen wie skurrile Skulpturen aus. Die fast heimelige Atmosphäre unter dem Blätterdach, welche im Sommer in den Wäldern herrscht, war im kahlen Winter vollständig abhandengekommen.

Im Zwielicht wanderte ich die Steilküste entlang. Die mich umgebende diffuse Lichtstimmung betonte die Rinde der Bäume. Erst jetzt fiel mir auf, dass viele Stämme mit alten Schnitzereien übersät waren. Die Rinde eines jeden Baums erschien so einzigartig wie ein menschlicher Fingerabdruck. Wer wohl die Botschaften verfasst hat? Beim Blick über die Küste fiel mir auf, dass einige entferntere Bäume selbst in dieser dunklen Atmosphäre förmlich zu leuchten schienen. Das musste ich mir genauer ansehen, und so verlängerte ich spontan den Abendspaziergang.

Überrascht stellte ich fest, dass die Bäume am Ufer komplett mit einer feinen Schicht weißen Kreidestaubs überzogen waren. Der Geograf in mir analysierte die Ursache. Kleine Schluchten und Täler zwischen den Felsen der Steilküste waren wohl zu einer Art Ventil für den stürmischen Ostwind geworden. In diesen Engstellen stieg die Windgeschwindigkeit zusätzlich an, und weil es trotz der Sturmlage nicht regnete, konnte der Wind kleinste Kalkpartikel aus den Felsen lösen und transportierte sie in den angrenzenden Buchenwald. Noch feiner als Raureif hatte sich diese weiße Schicht an einigen Stellen über die Küstenvegetation gelegt. Ein wenig erinnerte die Szenerie an die behelfsmäßig mit weißer Sprühfarbe geschaffenen Winterszenen in tschechischen Märchenfilmen. Der Kontrast zwischen dem tobenden Meer am Fuß der Felsen und dem reinen Weiß auf der Rinde der Bäume hätte nicht größer sein können.

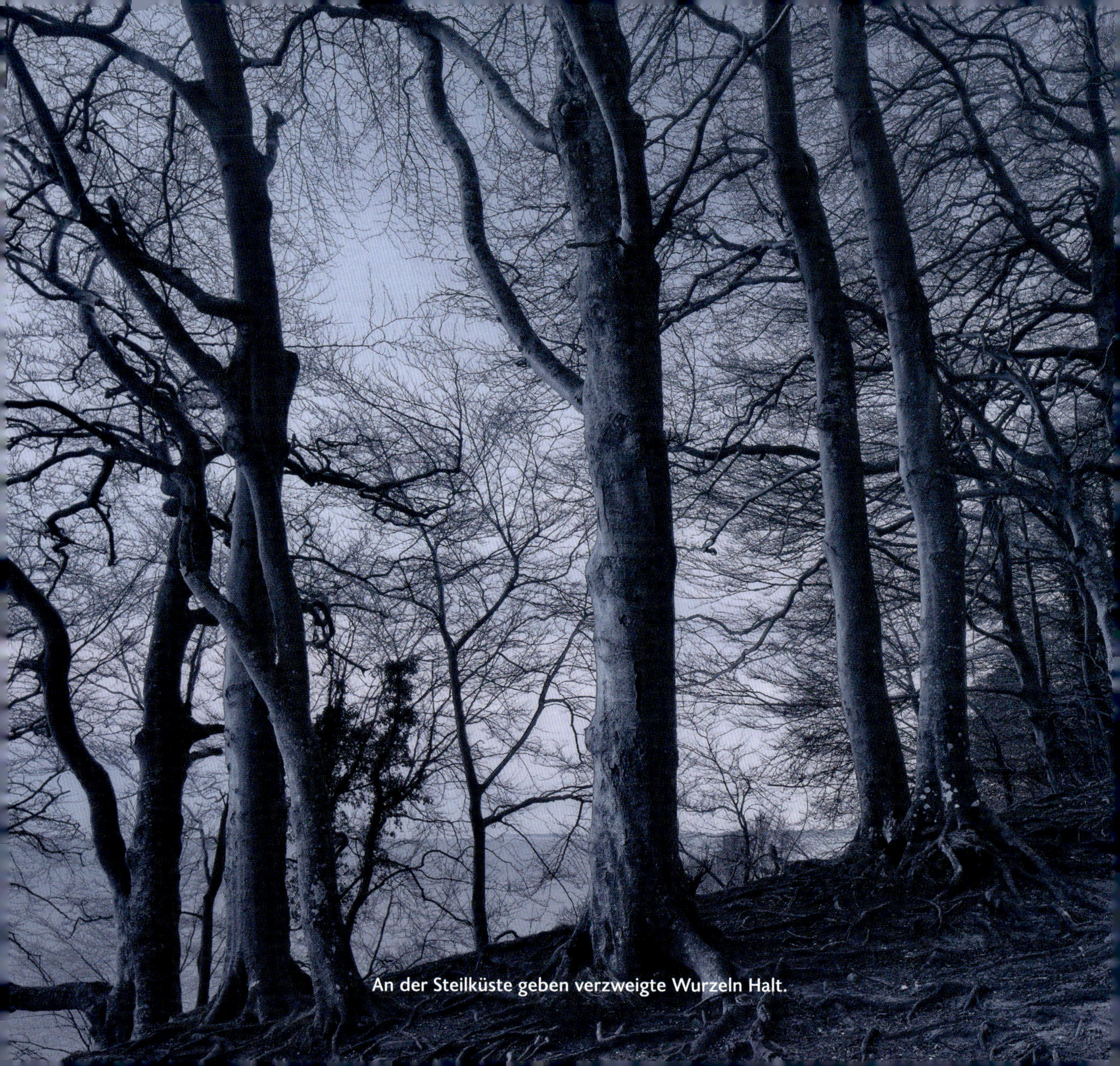

An der Steilküste geben verzweigte Wurzeln Halt.

Diese einmalige Situation wollte ich fotografisch festhalten, bevor etwaiger Niederschlag die Stimmung zerstörte. Für den nächsten Morgen sagte der Wetterbericht weiterhin klare Bedingungen vorher. Nicht nur der Wind würde wieder aus Osten kommen, sondern auch das Licht des Sonnenaufgangs würde dann die weiß bestäubten Bäume zusätzlich anstrahlen. Daher entschied ich mich, in der Morgendämmerung zurückzukehren, um die vom ersten Lichtschleier erhellten Geisterbäume zu fotografieren. Zunächst musste ich aber wieder nach Sassnitz zurück. Der Himmel war noch bedeckt, insofern wurde der Rückweg zu einer dunklen Angelegenheit. Die von Wurzeln bedeckten Pfade waren gar nicht mehr so leicht zu laufen.

Als ich schließlich am Ortsrand ankam, war es stockfinster. Noch immer heulte der Wind durch die Gassen des Küstenstädtchens, und von der Unterstadt tönte die Brandung tosend an mein Ohr. Das heimelige Zimmer in einer Pension kam mir bei dem Wetter ganz recht. Im dunklen Halbjahr gönne ich mir meist ein paar Stunden Schlaf in der Wärme – in den kurzen Sommernächten ist es oft effektiver, die Nacht durchzumachen.

Ein paar Stunden später klingelte dann aber auch schon der Wecker. Ich warf einen Blick aus dem Fenster, und ein paar funkelnde Sterne am Nachthimmel bestätigten, dass es tatsächlich aufgeklart hatte. Schnellen Fußes machte ich mich auf den Weg zur Küste. Der Wind hatte zum Glück nachgelassen. Die Außentemperatur fühlte sich gleich angenehmer an. Im angloamerikanischen Raum spielt die gefühlte Temperatur und der Windchill, übersetzt als Windfrösteln oder Windkühle, eine deutlich größere Rolle in der Wettervorhersage als hierzulande. Die Windchill-Temperatur ist über die

Lufttemperatur definiert, die bei geringem Wind die gleichen Wärmeverluste auf der Hautfläche verursachen würde wie die gemessene Lufttemperatur bei entsprechend höherem Windeinfluss. Sie bezeichnet also die empfundene Außentemperatur und nicht die gemessene. An diesem windstillen Morgen dürfte die Außentemperatur minus fünf Grad Celsius betragen haben. Mit dem starken Wind vom Vorabend, bei geschätzten Windgeschwindigkeiten um fünfzig Kilometer pro Stunde, wäre die gefühlte Windchill-Temperatur dann schon minus 15 Grad statt der gemessenen minus fünf gewesen. Ist die Luft trocken und weht kaum Wind, macht mir die Kälte nachts kaum zu schaffen. Anders sieht es bei windigen, feuchtkalten Bedingungen aus. Daher war ich froh, dass sich die Wetterlage auf Rügen umgestellt hatte. Der Spaziergang zur Morgendämmerung auf dem Klippenweg wurde so zum Vergnügen.

Auch das Meer am Fuß der Steilküste hatte sich beruhigt und umschmeichelte als beinahe glatter Spiegel die Insel. In der Ferne blinkten ein paar Lichter von Hochseeschiffen, aber der Küstenwald selbst war noch völlig in Dunkelheit getaucht. Trotzdem beeilte ich mich, um die Dämmerung bei den am Vorabend entdeckten Geisterbäumen erleben zu können. Meine Erwartungen wurden vollständig erfüllt. Als ich ankam, reflektierte der weiße Kreidestaub auf der Rinde bereits den ersten Dämmerungsschimmer. Und da vor allem Bäume direkt an der Abbruchkante hell eingefärbt waren, verstärkte der noch in blauschwarzen Schatten liegende Wald dahinter den Kontrast zusätzlich. Die Meeresoberfläche reflektierte ebenso den Dämmerungshimmel und verstärkte so das schöne Licht.

Theoretisch hätte es reichen können, zum Sonnenaufgang vor Ort zu sein, aber ich wollte das weiche Dämmerungslicht nicht verpassen. Zu dieser Zeit gibt es keine harten Schatten, sondern die Landschaft wird von einem schmeichelnden Lichtfluss modelliert. Tatsächlich ist für mich die Dämmerung magischer als der Sonnenaufgang an sich. Bei wolkenlosem Himmel schiebt sich der feurige Sonnenball banal über die Horizontlinie, und die Landschaft wird augenblicklich in hartes Licht getaucht. Im hohen Kontrast zwischen Licht und Schatten verliert das menschliche Auge die visuelle Balance und den Überblick. Noch stärker sind Fotos davon betroffen. Der große Kontrastumfang ist mit einer einzigen Aufnahme kaum zu meistern. Während der Dämmerung reicht hingegen oft eine Aufnahme mit den richtigen Einstellungen aus, um eine natürliche Lichtstimmung einzufangen. Nach dem Sonnenaufgang ging es für mich im vom Morgenlicht gefluteten Küstenwald zurück nach Sassnitz.

Tagsüber fotografiere ich inzwischen nur noch selten. Höchstens wenn es darum geht, eine neue Location zu erkunden oder ein paar Schnappschüsse fürs Familienalbum festzuhalten. Für mich fühlt sich pralles Sonnenlicht inzwischen ziemlich gewöhnlich an. Man könnte fast sagen, ich meide es. Strahlend blauer Himmel um zwölf Uhr mittags ist die schlechteste Bedingung für Landschaftsfotografie.

Hat mich die Fotografie in der Nacht und Dämmerung verändert? Vielleicht. Zumindest weiß ich jetzt, dass die dunklen Stunden die magischere Hälfte des Tages ausmachen. Wenn die Sonne erstmals unterhalb des Horizonts verschwunden ist, eröffnet sich eine Welt, welche den meisten Menschen verborgen bleibt. Die künstliche Beleuchtung, welche unsere Städte in der Nacht erhellt, verhindert ein natürliches Erleben. Vielmehr meidet der Mensch sogar die Dunkelheit. Deswegen konnte die nächtliche Natur, soweit sie noch nicht von Infrastruktur, Siedlungen, Landwirtschaft oder durch Lichtverschmutzung beeinflusst wird, zu einer einzigartigen ökologischen Nische werden. Diese dunklen Refugien gilt es zu schützen – aber auch ihre ökologische Bedeutung für die Natur zu betonen und ins Bewusstsein der Menschen zu rücken. Denn das Verborgene wird leider noch zu häufig unbewusst geopfert und geht verloren, bevor wir seinen Reiz überhaupt erst kennenlernen konnten.

Am Ende meiner Reise durch die Dunkelheit stand ich also nachts auf einer Steilküste an der Ostsee. Die Nacht reichte weit darüber hinaus. Ich fragte mich, was sich wohl unter der schwarz wirkenden Oberfläche und jenseits der Wellen in der Dunkelheit verbergen würde? Die Weite des Meeres erschien mir wie ein ungleich größeres Hindernis als der Schritt durchs Gartentor, mit dem meine Abenteuer in der nächtlichen Natur vor vielen Monaten begonnen hatten. Aber dieser erste Schritt in die Dunkelheit war zugleich eine Eintrittskarte in eine Welt, die vor den menschlichen Augen verborgen ist.

Aus den Wäldern Ostbayerns führten mich meine Touren ins Gebirge und bis an die Ostsee. Eine Beobachtung blieb an allen Orten gleich: Die nächtliche Natur begann immer dort, wo der künstliche Schein der menschlichen Siedlungen nicht mehr hinreichte. Obwohl ich mich mit jeder Nacht in der Dunkelheit besser zurechtfand, blieb ich trotzdem nur ein Gast in dieser uns unbekannten Welt. Auch, weil ich mich nicht komplett ohne Hilfsmittel in die mir unbekannten dunklen Wälder wagen wollte.

Ohne Stirnlampe wäre dort eine Orientierung schwer möglich gewesen. Der Mensch ist im Vergleich zu den meisten Tieren kaum an ein Leben in Dunkelheit angepasst. Aber doch erstaunte es mich jedes Mal aufs Neue, wie viel sich von dieser fremden Seite der Natur offenbarte, wenn sich die Sinnesorgane erst einmal an die Nacht gewöhnt hatten.

Als Fotograf bin ich ein eher visuell veranlagter Mensch. Wenn ich unterwegs bin, suche ich die Umgebung ununterbrochen nach potenziellen Motiven und Kompositionen ab. Auch während der Dämmerung konnte ich mich bei den Touren noch auf meinen Sehsinn verlassen. Aber je dunkler es wurde, desto weniger sah ich – und die anderen Sinne reagierten dafür umso feinfühliger. Die Orientierung nachts allein im Wald beanspruchte alle Sinne und belohnte mich mit einmaligen Eindrücken.

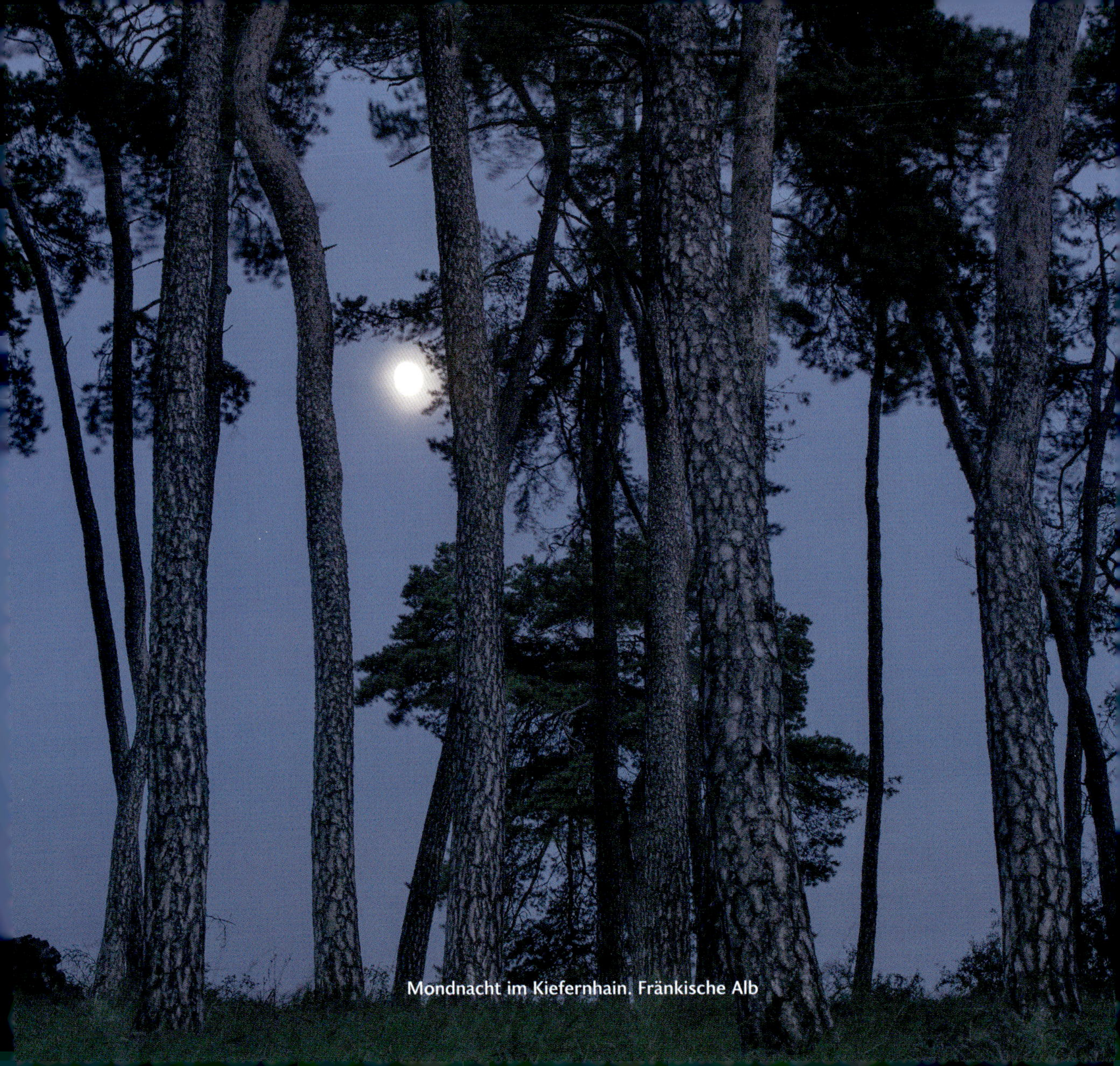

Mondnacht im Kiefernhain. Fränkische Alb

Nachts im Wald – ein Test für die Sinne

Sehen

Das Sehen in der Dunkelheit ist eine Herausforderung. Zwischen der Leistungsfähigkeit des menschlichen Auges bei Tageslicht und in der Nacht liegen Welten. Bei meinen Touren ging das so weit, dass ich auf unbekanntem Terrain eigentlich immer eine Lampe brauchte, um halbwegs sicher laufen zu können. Beim Fotografieren kann ich der Dunkelheit ein Schnippchen schlagen, indem ich zum Beispiel längere Belichtungszeiten wähle. Aber der menschliche Sehsinn kommt nachts im Wald schnell an seine Grenzen. Im Zwielicht der Dämmerung verschwimmt die Umgebung zusehends in Schatten. Wobei mir meine Rot-Grün-Blindheit beim Erkennen von Strukturen im diffusen Licht Vorteile verschaffte. Das fehlende Unterscheidungsvermögen von Rot- und Grüntönen wird durch viele feinere Helligkeitsnuancen bei Brauntönen und eine bessere Dämmerungssicht kompensiert. Im stockfinsteren Wald blieb dann aber auch für mich das Sichtfeld ohne Stirnlampe schwarz. Umso spektakulärer sind dann aber jene Momente, in denen die Natur selbst Licht ins Dunkel bringt. Der aufgehende Vollmond, der mit seinem kalten Licht die Landschaft verzaubert. Das Band der Milchstraße, das durch Lücken im Blätterdach funkelt. Oder auch der psychedelisch wirkende Lichtreigen des Paarungsflugs der Glühwürmchen. In der Finsternis wird das geringste Leuchten zu einem Feuerwerk für die Augen.

Hören

Es soll ja Horrorfilme geben, die nur von der Geräuschkulisse und der Musik leben. So ungefähr ist das nachts im Wald auch. Die Ohren helfen enorm bei der räumlichen Orientierung. Vor allem scheinen sie deutlich empfindlicher zu sein als tagsüber. Vermutlich, weil es ein geringeres akustisches Grundrauschen gibt und andere Sinne weniger beansprucht werden. Nächtliche Wälder sind erfüllt von bekannten und unbekannten Geräuschen. Selbst Stille kommt einem laut vor. Jede Nacht und jeder Wald haben ihre eigene Melodie. Die Schritte des Wanderers geben den Takt dazu: knarzend einbrechend auf gefrorenem Schnee, sanft raschelnd auf dem herbstlichen Blätterteppich. Begleitet vom trippelnden Trommeln von Abertausenden Tropfen nach einem nächtlichen Regenguss. Oder auch nur der sanfte Hauch, wenn im Frühjahr die Hüllblätter der Buchenknospen oder im Spätherbst die Lärchennadeln zu Boden rieseln. Es gibt ernste Geräusche wie fernes Donnergrollen und das Heulen des Windes in den Fichtenwipfeln am Hochwaldkamm. Schockmomente, wenn ein Rehbock schreckt oder plötzlich eine Rotte Wildschweine oder, noch lauter, ein Rudel Hirsche trampelnd den Weg kreuzt. Das Ganze wird gerahmt vom Gesang der Vögel, nach dem man fast schon die Uhr stellen könnte. Wobei die Eulen mit ihrem allgegenwärtigen Schreien mir immer noch einen wohligen Schauer über den Rücken laufen lassen. Von wegen Unglücksvögel. Wo Eulen jagen, scheint der dunkle Wald noch in Ordnung zu sein. Das bewusste Hinhören in der Dunkelheit hat für mich fast schon meditative Züge. Die Nacht entrollt einen virtuosen Klangteppich, der allein schon Grund genug wäre für weitere Touren.

Riechen

Die Nase des Menschen ist keine Hochleistungssportlerin. Dennoch macht es Spaß, sich nachts auf die Aromen des Waldes einzulassen. Wobei das Riechen weniger definitiv ist als die Dinge, die wir sehen oder hören. Das Riechen kommt eher einer gewissen Ahnung gleich. Das intensivste Geruchserlebnis in hiesigen Wäldern ist die Bärlauchblüte Anfang Mai. Man könnte schon fast von einer olfaktorischen Belästigung sprechen. Aber meist sind die Duftnoten der nächtlichen Natur subtiler. Je nach Jahreszeit gibt es große Unterschiede. In trockenen Sommern riecht selbst der nächtliche Wald ausgezehrt. Ganz anders das Aroma nach einem Regenguss. Pilze, feuchtes Laub, die nasse Borke und Blumen. Es ist, als wolle jeder Teil des Waldes seine ganz eigene Duftkomponente beisteuern. Bäume geben ätherische Öle ab, die nicht nur für den angenehmen Duft des Waldes verantwortlich sind, sondern sogar gewisse Heilkräfte haben. Nicht umsonst ist Waldbaden in den letzten Jahren zum Trend geworden. Die Nase des Menschen ist mit unserem limbischen System im Gehirn verbunden, von dem gefühlsmäßige Reaktionen auf Umweltreize ausgehen, die auch Einfluss auf unser seelisches Empfinden haben. Es könnte also schon was dran sein an der positiven Wirkung der Duftstoffe im Wald. Denn eigentlich bin ich immer gut gelaunt und entspannt, wenn ich im Wald unterwegs bin.

Tasten

Mit der Haut nehmen wir beim nächtlichen Wandern selbst geringe Temperaturunterschiede wahr. Oft reichen ein paar Meter hinab in eine Mulde, um direkt ein leichtes Frösteln zu spüren. In der Dunkelheit muss man sich auch auf den Spürsinn der Füße verlassen können. Der nächtliche Wald ist ein chaotischer Ort. Wenn man nicht gerade den Komfort eines breiten Forstwegs genießt, kann ein Waldspaziergang ohne Hilfsmittel schnell zum Spießrutenlauf werden. Ohne Stirnlampe wäre ich an vielen Stellen nur durch vorsichtiges Herantasten weitergekommen. Wobei der dunkle Wald ohne Kunstlicht zum intensiven Tasterlebnis mit Händen und Füßen (und leider auch dem Gesicht) wird. Passiert dann, wenn sich unterwegs die Batterien leeren. Aber Vorsicht: Das angenehme Laufen auf weicher Nadelstreu kann jederzeit durch eine Stolperfalle in Form einer Wurzel unsanft beendet werden. Selbst mit Stirnlampe erkennt man bei weitem nicht jedes Hindernis rechtzeitig: Hängende Äste und Brombeeren legen dornige Fangschlingen im Fußbereich aus. Wer fällt, sollte nicht zu lange liegen blieben. Nachdem ich mal am sagenhaften »Zeckenberg« am Plansee in Tirol ein Nickerchen gemacht hatte, kribbelte es am ganzen Körper. Bei Tageslicht kam ich dazu, genauer hinzusehen – und nicht weniger als acht Zecken hatten mich bereits angezapft. Wenn es tagsüber sehr heiß und trocken ist, sind Zecken in der Nacht umso aktiver. Selbstverständlich bin ich gegen FSME (Frühsommer-Meningoenzephalitis) geimpft, aber erst letztes Jahr habe ich mir Borreliose eingefangen.

Schmecken

Der Geschmackssinn ist in der Dunkelheit zwischen Bäumen eher unbedeutend. Das Sammeln von Waldfrüchten wie Pilzen oder Beeren spielt nachts kaum eine Rolle. Selbst vor dem Genuss von Wasser aus Quellen und kleinen Bächen in der Dunkelheit würde ich abraten, da nicht sicher ist, ob das Einzugsgebiet – zum Beispiel durch Almwirtschaft in den Alpen – beeinträchtigt ist. Die Verpflegung für die Nächte sollte zuvor gepackt werden. Bei besonders anstrengenden Touren kann man aber auch schon mal ins Schwitzen kommen, und der salzige Geschmack auf den Lippen erinnert einen auch nachts an besonders steile Wegstücke.

Mit meinen nächtlichen Wanderabenteuern wurde der Wald bei Nacht zu einer ganzheitlichen Naturerfahrung. Gerade als Fotograf tat es gut, in eine Welt einzu-

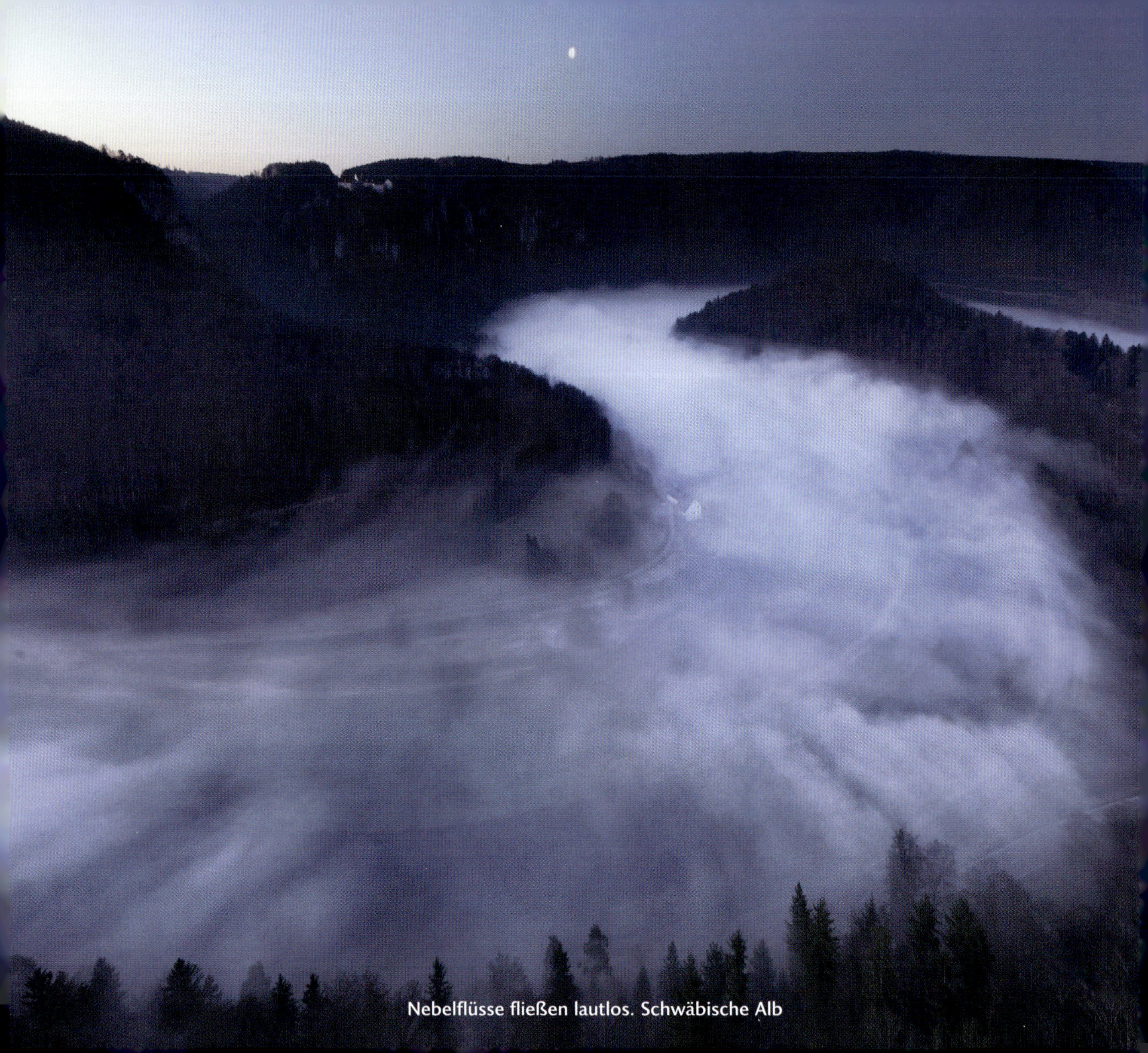

Nebelflüsse fließen lautlos. Schwäbische Alb

tauchen, in der andere Sinneseindrücke als der Sehsinn im Vordergrund stehen. Die Kamera, die häufig zwischen mir und der Natur steht, blieb sogar ein paarmal zu Hause. Nachts allein im Wald konnte ich die Natur puristisch und direkt erleben. Beim Fotografieren habe ich normalerweise eine Vorstellung, welche Art von Motiv ich festhalten möchte. Das Wandern durch die Dunkelheit ist anarchischer. Man lässt sich durch den Nachtwald treiben. Konkrete Erlebnisse können kaum geplant werden. Manchmal überschlagen sich die Ereignisse in der Finsternis, aber es kommt auch vor, dass man kilometerweit ohne besondere Vorkommnisse monoton unterwegs ist.

Die nächtliche Natur ist durch die stetig zunehmende Zerschneidung von Landschaftsräumen, aber auch durch ins Umland ausufernde Siedlungsflächen bedroht. Natürliche Dunkelheit ist schützenswert. Sternenparks oder Schutzprojekte für öffentlichkeitswirksame Arten wie Fledermäuse sind Schritte in die richtige Richtung. Denn nur was bekannt ist und geschätzt wird, kann bewahrt werden. Ich hoffe, dass meine Erlebnisse in Deutschlands dunklen Wäldern die Aufmerksamkeit und Sensibilität für die nächtliche Natur erhöhen.

Und wer auf den Geschmack gekommen ist, selbst mal eine ähnliche Tour zu laufen, dem empfehle ich unbedingt, allein unterwegs zu sein. Nur dann sind wir wirklich für natürliche Sinneseindrücke empfänglich. Selbstverständlich sollte sein, dass sensible Brut- und Rückzugsgebiete nicht frequentiert und die Störungen durch Licht und Lautstärke möglichst reduziert werden.

Gute Nacht!

Nachtfotografie

Mein Geografie-Studium brachte mich zur Landschaftsfotografie. Die Fotografie ist das Werkzeug, mit dem ich subjektive Naturerfahrungen optimal festhalten kann. Die Aufnahmen entstanden mit einer Nikon-D850-Spiegelreflex-Kamera. Meine Motive finde ich vor allem morgens und abends. Die Blaue Stunde verzaubert dann die Umgebung.

Die größte Herausforderung bei der Nachtfotografie ist jedoch die geringe zur Verfügung stehende Lichtmenge. Von der Bauart her lassen Weitwinkelobjektive bei gleichen Einstellungen mehr Licht auf den Sensor fallen als Teleobjektive. Gerade für die Fotografie der Milchstraße bieten sie sich an. Um den Mond nah heranzuholen, braucht man dagegen ein Teleobjektiv. Es gibt verschiedene Strategien, um auch bei wenig Licht noch gute Ergebnisse zu erzielen:

Eine Möglichkeit sind lange Belichtungszeiten. Nachts können schon mal dreißig Sekunden und mehr nötig sein. Es erklärt sich von selbst, dass eine derart lange Zeit aus der Hand nicht ohne Verwackeln fotografiert werden kann. Also empfiehlt sich der Einsatz eines Stativs. Ich greife gern auf Modelle zurück, die einen guten Kompromiss aus Packmaß, Gewicht und Stabilität bieten, um bei meinen Wanderungen flexibel zu sein.

Die zweite Möglichkeit, bei wenig Licht zu fotografieren, ist die Erhöhung der Lichtempfindlichkeit des Kamerasensors. Jeder kennt das unschöne Rauschen bei Nachtaufnahmen mit dem Handy. Aber selbst professionelle Kameras zeigen bei höheren ISO-Werten (Sensor-Empfindlichkeit) dieses charakteristische Rauschen. Insofern sollte man es bei dieser Einstellung nicht übertreiben. Bis ISO-3200 kann man mit modernen Kameras bei Nachtaufnahmen durchaus hochgehen.

Die dritte Möglichkeit ist der Verwendung lichtstarker Objektive. Diese leider nicht gerade günstigen Objektive haben kleine Blendenzahlen (f/1.4 oder f/1.8), die auf eine große maximale Blendenöffnung verweisen. Durch die weite Öffnung kann auch bei dunklen Verhältnissen viel Licht auf den Sensor fallen. Am effektivsten ist es, alle drei Optionen zu kombinieren, um ansprechende Ergebnisse zu erhalten.

Für wirklich ansprechende Ergebnisse ist einige theoretische und praktische Übung notwendig. Die Zeilen hier sind nur als Einstieg zu verstehen. Aber es lohnt sich, mit der Kamera nach den Sternen zu greifen!

Weitere Nachtaufnahmen unter:
Kilianschoenberger.de
instagram.com/kilianschoenberger
facebook.com/KilianSchoenbergerPhotography